"新标准"婴幼儿托育类专业

TUO YU JI GOU BAO JIAO SHI JIAN ZHI DAO

托育机构保教实践指导

上海市人口早期发展协会◎组编

方 玥 程 丹 高黎亚◎编著

华东师范大学出版社

图书在版编目(CIP)数据

托育机构保教实践指导/上海市人口早期发展协会组编;方玥,程丹,高黎亚编著.—上海:华东师范大学出版社,2023

ISBN 978-7-5760-3890-3

Ⅰ.①托… Ⅱ.①上…②方…③程…④高… Ⅲ.①幼儿园—教学研究 Ⅳ.①G61

中国国家版本馆 CIP 数据核字(2023)第 187436 号

托育机构保教实践指导

组　　编　上海市人口早期发展协会
编　　著　方　玥　程　丹　高黎亚
责任编辑　余思洋
责任校对　时东明
装帧设计　庄玉侠

出版发行　华东师范大学出版社
社　　址　上海市中山北路 3663 号　邮编 200062
网　　址　www.ecnupress.com.cn
电　　话　021-60821666　行政传真 021-62572105
客服电话　021-62865537　门市(邮购)电话 021-62869887
地　　址　上海市中山北路 3663 号华东师范大学校内先锋路口
网　　店　http://hdsdcbs.tmall.com

印 刷 者　上海新华印刷有限公司
开　　本　787 毫米×1092 毫米　1/16
印　　张　12.5
字　　数　228 千字
版　　次　2023 年 11 月第 1 版
印　　次　2025 年 6 月第 2 次
书　　号　ISBN 978-7-5760-3890-3
定　　价　43.00 元

出 版 人　王　焰

(如发现本版图书有印订质量问题,请寄回本社客服中心调换或电话 021-62865537 联系)

序
XU

脑科学、儿科学、发展心理学等学科的研究成果表明，科学、适宜的托育服务有利于促进婴幼儿在认知、社会性和情感等方面的健康发展。党的二十大报告强调建立生育支持政策体系；采取更多惠民生、暖民心举措，着力解决好人民群众急难愁盼的问题。我国的托育服务处于起步阶段，托育机构如何创设适宜的环境，怎样根据不同年龄段婴幼儿的特点合理安排一日生活和活动，促进婴幼儿身心全面健康发展，是托育机构开办后面临的问题。

由上海市人口早期发展协会组织编写，中国福利会托儿所编写团队执笔的《托育机构保教实践指导》一书，展现了中国福利会托儿所 70 余年来在婴幼儿早期保教领域的探索经验与实践案例。本书从托育机构（2 岁以下）的保教实践，托班（2—3 岁）保教环境创设、作息时间安排、活动组织与实施，托育机构婴幼儿安全与健康，婴幼儿早期教养中的家园共育，托育机构保教人员的职业发展等托育机构保教工作实践中的主要方面出发，阐述了托育机构如何根据不同年龄段婴幼儿的特点，为婴幼儿创设良好的生活环境，合理安排一日生活作息制度，保障婴幼儿的安全和健康；如何通过开展丰富多彩的活动，并与家庭协同，促进婴幼儿身心各方面健康发展。

本书内容丰富，通俗易懂，案例资料翔实，可读性、实用性强，有利于托育机构从业人员和托育相关专业初学者理解保教理念，掌握保教实践相关技能。

洪秀敏

2023 年 1 月于北京师范大学

前言
QIAN YAN

　　0—3岁婴幼儿的早期教育与照护是学龄教育与终身教育的开端,随着国家政策文件中对0—3岁婴幼儿的早期教育与照护提出明确的目标和策略措施,0—3岁婴幼儿的早期教育与照护工作更加受到重视。《国务院办公厅关于促进3岁以下婴幼儿照护服务发展的指导意见》提出,到2025年,"婴幼儿照护服务水平明显提升,人民群众的婴幼儿照护服务需求得到进一步满足"的发展目标。在此背景下,中国福利会托儿所编写了《托育机构保教实践指导》一书,旨在提高从业人员的保教实践技能和水平,为从业人员的知识学习和业务培训提供参考。

　　中国福利会托儿所(以下简称中托)由宋庆龄女士于1950年亲手创办,创园之初以招收1—3岁婴幼儿为主,现已逐步构建了1—6岁早期教育全程化的办学格局。中托历经70余年在早期教育领域的探索与实践,遵循宋庆龄"愿小树苗健康成长"的教育期许和"把最宝贵的东西给予儿童"的工作要求,积累了丰富的低龄婴幼儿早期教育经验。2004年,中托进一步发扬自身办学特色,开设了中国福利会托儿所亲子苑,后更名为上海中国福利会早期教育中心。上海中国福利会早期教育中心秉持"两代干预"的理念,创设与家庭构成连续体的早期教育指导课程,为0—3岁婴幼儿及其家长提供高质量的早期教育服务。2020年,中托成为由国家卫健委授予的全国首个"婴幼儿照护服务研修基地",致力于进行家庭科学教养指导、托育人员课程开发与师资培训、婴幼儿照护服务机构课程建设等方面的持续研修与实践,并在全国范围内进行了经验示范和模式推广。

　　秉持着中国福利会"实验性、示范性、加强科学研究"的工作方针,中托格外注重自身的科学研究探索和科研转化工作。多年来,中托聚焦儿童营养教育、低龄养育、保教融合、医教结合、情绪情感教育等领域，开展了广泛的科学研究，先后承担了 3 项国家级课题、8 项市级课题、60 多项中国福利会会级课题；独立编撰出版了 30 余本专业书籍；在各类教育类期刊上发表文章 500 余篇，为中国幼教事业作出了自己独特的贡献。

本书作为中托低龄教养实践及科学研究的成果之一，结合时代背景及当今婴幼儿发展需求，从 70 余年来优质的实践经验中提炼总结了科学的托育机构保教理念、保教策略、课程体系及保教规范。本书共分为 8 个章节，从 2 岁以下及 2—3 岁两个年龄段入手，介绍了托育机构的基本概念、具体的保教实践及保教人员的职业发展，涉及托育机构保教实践的各个方面。本书脉络清晰，层级分明，旨在为读者系统梳理托育机构提供服务的指导思想，并提供切实可行的操作指南。

本书的每一章节都涵盖了学习目标、章节导入、具体的学习内容及课后习题等板块，以供读者全面地理解和把握各章节的学习要点，让其能够在学习后进行更深层次的思考及延伸，在理论层面和实践层面上"授人以渔"，可以说这是一本具有较大参考价值和指导意义的学习教材与参考用书。本书部分章节还附有生动翔实的活动案例和拓展阅读资料，并针对托育机构常见的问题情境给出了相应的解决策略，进一步增强了本书的可读性和实用性，读者可视情况需要展开案例分析、讨论与交流。

本书由上海市人口早期发展协会委托中托主持编写，凝结了中托低龄教养骨干团队的集体智慧，参编老师有许敏霞、张晶、王慧、陶紫妍、张懿、陈晔倩、黄璐、张泽西等，在此特别鸣谢他们为本书提供的丰富的图文资料，同时感谢中国福利会托儿所及上海中国福利会早期教育中心全体孩子、家长的支持。希望本书能为从业人员提供实践经验及有效指导，为我国"幼有所育""幼有善育"的落地尽绵薄之力。若有不当之处，也恳请广大读者不吝提出宝贵意见，让未来更多婴幼儿及家庭能从中受益。

方 玥

2023 年 1 月

目 录
MU LU

第一章　托育机构认知

 学习目标

- ☑ 1. 了解我国托育机构的内涵界定。
- ☑ 2. 了解托育机构的分类及其特点。
- ☑ 3. 了解托幼一体化背景下托育机构的发展趋势。

　　什么是托育机构？小青是一位正在进行相关专业学习的学生，在学习了一些专业基础知识后，小青开始寻找校外实习机会，并对复杂的机构现状感到困惑：有自创或加盟的托育园、托育中心、育儿中心等，有全日制的托儿所、幼儿园中的托班，有各类早期教育机构、早期教育中心、亲子园等，还有早期教育指导中心、社区早期教育服务中心、儿童之家等，这些机构之间有什么区别呢？

　　仅从名称上来看，就可以发现这些机构提供的服务应当有一些差别。因此，各机构的特点及其对从业人员的要求也不一样。为了让小青找到更合适的实习岗位，本章就将介绍托育机构的含义、类型、特点等。

第一节　托育机构的内涵界定

托育机构,从广义上理解,就是指提供托育服务的机构。因此,托育机构的内涵界定与我国对"托育服务"的界定有密切联系,下面从托育服务理念和内容两个方面对我国的托育服务的内涵进行介绍。

首先,托育服务理念即托育服务遵循的价值取向,主要体现为政府、市场与家庭三方对婴幼儿照护责任的认识。托育服务属于公共服务的范畴,在我国,提供公共服务是政府的重要职能,政府应切实回应和解决民生问题,这就说明政府在托育服务供给中承担责任。随着社会经济水平的发展,我国政府率先承担起托育服务供给的"兜底补缺"责任,满足早期儿童照料有困难的家庭对托育服务的需求,在此基础上,以上海、深圳等城市为试点,大力推进普惠性托育服务体系的构建。

在市场、家庭责任方面,受到经济政治制度、社会文化传统的影响,各国的托育服务情况有所不同。我国的托育服务经历了一个从"去家庭化"到"再家庭化"的发展过程,并致力于向着两者并存的价值取向发展。其中,"去家庭化"是一种由政府、市场或两者共同来分担家庭的婴幼儿照护责任的公共服务模式;"再家庭化"是指重视家庭在婴幼儿照护上的责任承担,只有当家庭无力承担儿童照料的责任时,政府、市场或两者才共同提供必要的支持的模式。《国务院办公厅关于促进3岁以下婴幼儿照护服务发展的指导意见》中指出,我国目前的托育服务需遵循"家庭为主,托育补充"的原则;上海市《关于促进和加强本市3岁以下幼儿托育服务工作的指导意见》中明确指出其构建托育服务体系的总体思路为"政府引导、家庭为主、多方参与",并且率先建设了40个公建民营性质的社区婴幼儿托管点。这些举措充分说明目前我国的托育服务坚持以人民为中心的发展思想,以家庭育儿需求和问题为导向,由政府、家庭和市场共担责任。

📚 **拓展阅读**

我国托育服务政策的发展历程

一、改革开放至 20 世纪 80 年代中期:托育服务复兴并快速发展

十一届三中全会召开后,随着经济和社会的发展,人们对发展学前教育提出了新的要求,优生优育的观念兴起,托育服务开始逐渐发展。这一阶段我国的托育服务为集体福利形式,以工作组织和生产组织为提供主体,政府提供作为补充。

1981 年 6 月,当时的卫生部妇幼卫生局颁布《三岁前小儿教养大纲(草案)》,这是中华人民共和国成立后首次就托育服务工作作出明确规范,具体提出了托儿所教养工作的教养目标、原则、内容和要求。1987 年,国务院办公厅转发《关于明确幼儿教育事业领导管理职责分工的请示》,并提出:"托儿工作对提高我国人口素质有重要意义,对此也要重视和加强。"

可见,改革开放至 20 世纪 80 年代中期,国家高度重视婴幼儿照护和托育服务,强调托育服务工作是一项社会性的事业。在这一阶段,国家承担了托育服务的绝大部分成本费用,政府不仅利用财政资金举办公办托育机构,同时还为企事业单位举办的托育机构提供多种间接投入以扶持其发展。

二、20 世纪 80 年代末至 2010 年:托育服务走向市场化

20 世纪 80 年代末,中国进入了以"市场化"为主要特征的改革时期,受这一大背景影响,企业开办或机关开办的托儿所逐渐萎缩至消失,托育服务不再是单位提供的福利形式。1984 年《中共中央关于经济体制改革的决定》提出将"增强企业活力"作为经济体制改革的中心环节,社会主义市场经济体制确立,单位制福利保障的功能逐渐淡化,由单位提供的各种福利项目逐渐转为由其他社会组织承担,托育服务便是其中之一。

在这样的背景下,儿童照顾责任逐渐回归家庭,托育服务转变为家长付费购买服务。1988 年《关于加强幼儿教育工作的意见》明确指出:"养育子女是儿童家长依照法律规定应尽的社会义务,幼儿教育不属义务教育,家长送子女入园理应负担一定的保育、教育费用。"

因此,对家庭的早期教育指导逐渐受到关注。1999 年《中共中央国务院关于深化教育改革全面推进素质教育的决定》中提出"重视婴幼儿的身体发育和智力开发,普及婴幼儿早期教育的科学知识和方法";2001 年《国务院关于基础教育改革和发展的决定》中强调"大力发展以社区为依托,公办与民办相结合的多种形式的学前教育和多种儿童早期教育服务";2006 年《中共中央国务院关于全面加强人口和计划生育工作统筹解决人口问题的决定》中再次强调"大力普及婴幼儿抚养和家庭教育的科学知识,开展婴幼儿早期教育"。

三、2010 年至今:强调社会公益性和普惠性

2010 年是我国托育政策与事业发展的重要转折点。学前教育整体大环境中"入园难""入园贵"的现象引起了党和国家的重视,2010 年 7 月,中共中央、国务院印发《国家中长期教育改革和发展规划纲要(2010—2020 年)》,将学前教育单列一章,提出"要重视 0 至 3 岁婴幼儿教育"。同年 11 月发布的《国务院关于当前发展学前教育的若干意见》中再次强调"必须坚持政府主导,社会参与,公办民办并举,落实各级政府责任,充分调动各方面积极性",并提出"提供'广覆盖、保基本'的学前教育公共服务"。"学前教育公共服务"概念的出现,代表着国家理念的转变。2011 年,《中国儿童发展纲要(2011—2020 年)》全面实施,在"儿童与教育"的主要目标中明确提出"促进 0—3 岁儿童早期综合发展"。在"儿童与教育"的策略措施中提出:"积极开展 0—3 岁儿童科学育儿指导。积极发展公益性普惠性的儿童综合发展指导机构,以幼儿园和社区为依托,为 0—3 岁儿童及其家庭提供早期保育和教育指导。加快培养 0—3 岁儿童早期教育专业化人才。"这些内容强调了学前教育的公益性和普惠性,同时明确了政府在发展 0—3 岁早期儿童教育方面的责任。[①]

其次,在托育服务内容方面,不同的机构因对婴幼儿"养"与"教"两者重要性认识的不同而有所差异。一类强调分阶段的托育服务,在 2 岁以下注重"养",以"托管"服务为主,2—3 岁则进一步侧重"教",注重接受早期教育服务;另一类倡导一体化托育服务,认为 0—3 岁婴幼儿应"保教并重",在接受日常托管服务的同时,也可获得早期教育服务。两类观点都具有其理论基础。第一类依据马斯洛的需要层次理论,认为 0—2 岁婴幼儿的生理需要与安全需要应该首先被满足,伴随着年龄的增长,对 2—3 岁婴幼儿,可进一步关注其语言、认知、动作、社交等方面的发展。第二类则依据关键期理论,认为 0—3 岁是儿童发展的关键期,渗透着各种早期教育的契机,为今后各方面的发展奠定了基础。

在我国,相关专家和学者主张 0—3 岁婴幼儿的早期教养应遵循"以养为主,教养融合"的原则,对上述两类托育服务模式都认可,家庭可以根据实际需要进行选择。不仅如此,我国的托育服务还要为婴幼儿提供服务,为家庭提供服务,在近年的相关政策文件中,都强调要重视为 3 岁以下婴幼儿的家庭提供科学育儿指导服务。

综上,在我国,托育机构包括由社会组织、企事业单位或个人举办,面向 3 岁以下婴幼儿或其家庭,提供照护、早期教育、家长指导或综合性服务的各类机构。

---

① 洪秀敏,陶鑫萌.改革开放 40 年我国 0—3 岁早期教育服务的政策与实践[J].学前教育研究,2019,(02):3—11.

📚 **拓展阅读**

国外托育服务的理念和内容①

托育服务属于公共服务的范畴,受到一个国家社会福利类型的影响,故托育服务的理念和内容在不同国家间有所差异。国外的社会福利类型大致分为三类,分别是社会民主主义、保守社团主义、自由主义,其中社会民主主义国家有丹麦、挪威、瑞典等,保守社团主义国家有德国、意大利、奥地利等,自由主义国家有英国、美国、爱尔兰等。

在托育服务理念方面,从国家责任的角度,社会民主主义国家奉行"普惠—发展"的价值取向,政府提供普惠性的0—3岁婴幼儿公共托育服务,服务对象涵盖所有社会阶层的儿童,旨在为所有家庭创造一个适宜照料儿童的社会环境,充分满足儿童成长过程中的需求;从家庭责任的角度,这些国家奉行"再家庭化"与"去家庭化"并举的价值取向,社会福利政策既保障家庭抚育儿童的能力,同时也通过赋予其自由选择的权利来减轻其照料儿童的负担。这些国家强调社会的性别平等,鼓励父亲承担抚育儿童的责任,也鼓励母亲选择外出工作。

保守社团主义国家在国家责任方面奉行"补缺—生存"的价值取向,他们十分重视保护传统的家庭关系,抚育儿童被视作母亲的职责,当家庭无力承担儿童照料的责任时,政府才需要发挥补缺的功能,为家庭和儿童提供必要的福利支持;在家庭责任方面,主张"再家庭化"的价值取向,强调家庭自我支持的能力,托育服务发展不充分,幼儿获得的托育机会较少。

自由主义国家在国家责任方面也奉行"补缺—生存"的价值取向,国家仅保障最低程度的福利水平,仅为处于困境中的儿童及其家庭提供必要的救助,但是申请救助的资格条件比较苛刻,最终获得救助的儿童及家庭有限;在家庭责任方面,这些国家奉行"去家庭化"的价值取向,强调市场机制的作用,鼓励父母均进入市场就业,由市场分担家庭抚育儿童的责任。

在托育服务内容方面,保守社团主义国家在日常托管与早期教育的服务对象上有较为明确的年龄段划分,不同年龄段的婴幼儿接受的托育服务项目侧重不同,比如在德国、意大利和奥地利,0—2岁婴幼儿主要接受日常托管服务,3岁及以上的幼儿才开始接受早期教育服务;社会民主主义国家和自由主义国家则倡导托幼一体化,早期教育面向低龄婴幼儿,但不同国家间存在差异,比如在挪威、瑞典、英国、美国,0—3岁婴幼儿在接受托管服务的同时,也可以获得早期教育服务;但在丹麦、爱尔兰,0—2岁婴幼儿主要接受日常托管服务,3岁及以上的幼儿可以在接受日常托管的同时接受早期教育服务。

---

① 杨雪燕,高琛卓,井文.典型福利类型下0—3岁婴幼儿托育服务的国际比较与借鉴[J].人口与经济,2019(02):1—16.

第二节 **托育机构的类型划分**

　　我国的托育服务体系处于重建起步的阶段,托育服务需求旺盛。2013年,教育部办公厅下发了《关于开展0—3岁婴幼儿早期教育试点的通知》,决定在14个地区开展0—3岁婴幼儿早期教育试点,并对试点任务、内容和有关工作提出了明确要求。之后,各地政府充分调动社会力量,鼓励开办多种类型的托育机构。2019年,《托育机构设置标准(试行)》发布,进一步规范了机构的设置。

 **拓展阅读**

《托育机构设置标准(试行)》(节选)

　　第十八条　托育机构应当根据场地条件,合理确定收托婴幼儿规模,并配置综合管理、保育照护、卫生保健、安全保卫等工作人员。

　　托育机构负责人负责全面工作,应当具有大专以上学历、有从事儿童保育教育、卫生健康等相关管理工作3年以上的经历,且经托育机构负责人岗位培训合格。保育人员主要负责婴幼儿日常生活照料,安排游戏活动,促进婴幼儿身心健康,养成良好行为习惯。保育人员应当具有婴幼儿照护经验或相关专业背景,受过婴幼儿保育相关培训和心理健康知识培训。保健人员应当经过妇幼保健机构组织的卫生保健专业知识培训合格。保安人员应当取得公安机关颁发的《保安员证》,并由获得公安机关《保安服务许可证》的保安公司派驻。

　　第十九条　托育机构一般设置乳儿班(6—12个月,10人以下)、托小班(12—24个月,15人以下)、托大班(24—36个月,20人以下)三种班型。18个月以上的婴幼儿可混合编班,每个班不超过18人。每个班的生活单元应当独立使用。

　　第二十条　合理配备保育人员,与婴幼儿的比例应当不低于以下标准:乳儿班1∶3,托小班1∶5,托大班1∶7。

　　第二十一条　按照有关托儿所卫生保健规定配备保健人员、炊事人员。

　　第二十二条　独立设置的托育机构应当至少有1名保安人员在岗。

依据不同的标准,我国现有的托育机构,大致可分为以下类型。

第一,按开办性质分,托育机构可分为事业单位性质、社会服务机构性质和营利性。三者的区别在于分属不同的监管部门。《托育机构登记和备案办法(试行)》规定:举办事业单位性质的托育机构的,向县级以上机构编制部门申请审批和登记。举办社会服务机构性质的托育机构的,向县级以上民政部门申请注册登记。举办营利性托育机构的,向县级以上市场监督管理部门申请注册登记。

第二,按开办规模分,托育机构分为机构式、公共式、家庭式。机构式托育机构采用的是集体方式,在类似幼儿园的机构设施中开展托育服务,一次可以收托较多数量的婴幼儿,托儿所、幼儿园托班就属于此类;公共式托育机构是开办在社区或家长所在单位的公共婴幼儿托育点,比如单位设立的"宝宝屋"、社区的儿童之家等;家庭式托育机构则是在居家环境中,为一个或少数婴幼儿提供照护服务,目前尚处于起步阶段,以月嫂或育婴师接受雇主的委托,在婴幼儿家中进行一对一服务为主。

第三,按服务时长分,托育机构分为全日制、半日制、计时制、临时制。全日制托育机构指每天收托时间在白天,时长为6—10小时的托育服务;半日制托育机构是每天收托时间在6小时以下的托育服务;计时制托育服务则是以小时来计算在托时长的;临时制托育服务是指因父母、监护人或实际照顾者临时有事无法照顾婴幼儿而选择的不定期的托育服务。

第四,按服务对象分,托育机构分为月子中心、早期教育中心、托育中心(包括托儿所)、早期教育指导中心。月子中心是为刚出生不满1个月的婴儿及其母亲提供照护、喂养指导等内容的托育服务机构;早期教育中心是为0—3岁婴幼儿提供早期教育服务的机构,部分早期教育中心也注重对家长的科学育儿指导,且针对年龄较小的婴幼儿,较多采用亲子活动的模式;托育中心是为0—3岁婴幼儿提供托管或综合性服务的机构;早期教育指导中心是为0—3岁婴幼儿家长提供科学育儿指导的机构。

第三节　托幼一体化背景下托育机构的发展

托幼一体化也称保教一体化、托幼整合。在早期教育和保育事业发展的过程中，曾存在保教分离的历史，即0—6岁婴幼儿的教育和保育服务被区分为"幼儿园"和"托儿所"两大系统，分属不同部门管辖，功能各有侧重。随着社会发展以及脑科学、心理学、教育学等领域相关研究的不断深入，早期教育和保育逐渐融合于0—6岁儿童发展的全过程中。

一、托幼一体化理念的形成与发展

20世纪80年代以来，国际化的学前教育概念由原来对3—6岁幼儿的教育延伸至对0—6岁婴幼儿的保育与教育。1981年，在法国巴黎召开的"学前教育国际协商会"讨论确定"学前儿童"是指处于从胎儿至入学年龄（6岁或7岁）之前的所有儿童，"学前教育"这个概念从入学前一年或幼儿园三年的教育扩展至0岁到6岁或7岁儿童，并明确学前教育是包括为终身发展奠定基础的、能够促进儿童身心全面和谐发展的一切保育和教育活动。

托幼一体化理念的发展得到了相关国际组织的认可和推动。如联合国教科文组织倡导"早期儿童保育与教育一体化"（Early Childhood Care and Education，简称ECCE），强调各国政府应在推动儿童早期教育与保育的统整合并中扮演更为积极的角色。世界经合组织倡导"早期儿童教育与保育一体化"（Early Childhood Education and Care，简称ECEC），强调整合儿童早期教育与保育两种服务和功能，将其合并为一个行政体系或建立联合机制，认为这是为儿童谋求最大利益和实现以儿童为中心的有效策略，也是避免冲突、遏制因重复或部门分离而造成混乱的唯一出路。

在托幼一体化的国际学前教育改革实践中，各国注重在管理体制、办学体制、教育方案和策略、课程设置等方面实施一体化，根据0—6岁婴幼儿的身心发展规律进行连贯的保育和教育，并建立支持与保障系统，如颁布相应的法律法规、加大财政投入及确保质量监管等。

二、国内外托幼一体化背景下托育机构的发展

下面从托幼一体化的制度、课程体系、师资培养等方面来分析国内外托幼一体化背景下

托育机构的发展。

第一，在制度方面，托幼一体化包含了国家统筹与组织托育事业的基本体系、工作制度及动态运行机制。在推进托幼一体化的过程中，各国都在改变行政管理上的"分离模式"，不断扩大教育部门在提供公共服务中的作用，并建立相应的支持与保障系统。比如，英国颁布了《儿童法案》和《儿童保育法案》，明确学前儿童服务包括儿童早期教育与保育服务，在英国的英格兰地区，当地教育部门负责统一管理学龄前儿童的托育服务；瑞典政府增加财政投入，除中央政府外，地方政府也需要承担辖区内托育服务的财政支持，瑞典用于 3 岁以下婴幼儿托育服务的财政经费高于用于 3—6 岁儿童学前教育的财政经费，是世界范围内财政投入较高的国家之一。

在我国，托育服务和学前教育处于托幼分离的"双轨制"模式，其中，0—3 岁儿童的托育服务由卫生健康部门负责，3—6 岁的学前教育由教育部门负责。虽然如此，在《国务院办公厅关于促进 3 岁以下婴幼儿照护服务发展的指导意见》中提到："鼓励支持有条件的幼儿园开设托班，招收 2 至 3 岁的幼儿。"因此在很多地区，地方政府都鼓励和支持有能力的幼儿园向下延伸、开办托班。如《深圳经济特区学前教育条例》规定："市教育部门会同市发展改革部门根据本市人口动态变化趋势、幼儿园及其托班学位需求和现有幼儿园机构数量、结构及分布状况，统一编制全市幼儿园发展规划。"又如《上海市学前教育与托育服务条例》明确指出："本市实行学前教育与托育服务一体规划、一体实施、一体保障，建立健全家庭科学育儿指导网络。"

第二，在课程体系方面，整合设计课程标准是支持儿童连续性发展的重要抓手，也是各国落实托幼一体化的战略举措，比如新西兰教育部 1996 年制定了适用于 0—6 岁儿童的《编席子：学前教育课程纲要》，成为全国性的机构课程设计指导；瑞典 1998 年出台了《学前教育课程》，对瑞典学前教育课程作出了标杆性指导，为 1—5 岁儿童的终身学习奠定了坚实基础；英国 2008 年颁布了《早期教育基础阶段法定框架》，规定了 0—5 岁婴幼儿保育、学习与发展的相关要求。

我国现行的《幼儿园工作规程》《幼儿园教育指导纲要（试行）》《3—6 岁儿童学习与发展指南》等政策文件中还未有系统化的 0—6 岁一体化的课程体系，但部分地区基于本地区托育与教育的发展需要，开展了初探性的尝试，如上海市依据上海市中小学（幼儿园）课程改革委员会制定的《上海市学前教育课程指南（试行稿）》编写出版了《婴幼儿教养活动（2—3 岁）》，供 2—3 岁儿童的教师使用。

第三,在师资培养方面,师资力量作为托幼一体化发展的重要支撑,在托幼一体化背景下,幼儿保育人员与教育人员的整合将成为国际趋势,比如在新西兰,教导3岁以上或以下婴幼儿的人员都被称为"幼儿园教师"。各国尝试在托幼一体化师资队伍的培养上建立完整体系,比如瑞典实施了"促进学前教育项目",对幼儿园教师和保育人员不分专业方向,均实施一致的职前教育课程培训,注重保育人员与幼儿园教师的交叉培训;在丹麦,托育服务从业人员必须接受三年高等专业教育,并持有社会教养员资格证;新西兰为保育人员和幼儿园教师提供综合培训,并引进为期三年的综合培训课程,三年制的早期教育文凭被认为是幼儿园和儿童保育中心的"基准"资格证书;英国要求早期教育领域的从业人员均持证上岗,专业人员还可通过有关培训同时获得多个资格证书。同时,各国也致力于优化保教人员薪酬待遇,比如新西兰明确规定早期教育保教人员的薪资水平不得低于小学教师的薪资水平。

在我国,托育服务从业人员数量相对短缺、队伍流动性大、专业性有待提升。国家以地方为试点,研制从业人员资格审查办法与考核评价机制,比如深圳市规定托班教师应当具备大专及以上学历,取得适用的教师资格证,并接受托育保教方面的相关培训。国家和地方政府也支持有条件的高等院校和职业院校增设幼儿保育、婴幼儿托育等相关专业等,比如《上海市学前教育与托育服务条例》指出:"教育、卫生健康、人力资源社会保障等部门应当制定并实施学前教育与托育服务人才培养和职业培训规划,通过支持高等院校、职业学校开设相关专业、课程以及引进人才等方式,加强学前教育与托育服务从业人员队伍建设。"

拓展阅读

《上海市学前教育与托育服务条例》(节选)

第三条　本市学前教育与托育服务坚持以人民为中心的发展思想,按照"人民城市"建设要求,坚持政府主导、社会参与、普惠多元、安全优质、方便可及的原则,遵循儿童身心发展规律,促进儿童健康成长,实现幼有善育。

第四条　本市实行学前教育与托育服务一体规划、一体实施、一体保障,建立健全家庭科学育儿指导服务网络。

本市普及学前教育,以政府举办的公办幼儿园为主,支持和规范社会力量举办民办幼儿园,大力发展普惠性学前教育,构建布局合理、公益普惠的学前教育公共服务体系。

本市发展托育服务,以家庭照护为基础,通过开设幼儿园托班,鼓励和引导社会力量举办托育机构,设置社区托育点,支持机关、企事业单位、园区、商务楼宇等提供福利性托育服务,构建普惠多元的托育公共服务体系。

本市为适龄儿童家庭提供科学育儿指导服务,加强对家庭照护的支持与指导,增强家庭科学育儿能力。

第五条 各级人民政府应当将学前教育与托育服务纳入本级国民经济和社会发展规划,并将相关重点工作纳入为民办实事项目予以推进。

市人民政府统筹规划和协调推进全市学前教育与托育服务发展。区人民政府应当履行推进学前教育与托育服务发展的主体责任,合理配置本行政区域内学前教育与托育服务资源,促进学前教育与托育服务协调发展。

市、区人民政府应当建立综合协调机制,统筹协调解决学前教育与托育服务发展中的重大问题。

乡镇人民政府和街道办事处应当组织推进辖区内学前教育与托育服务发展,落实相关政策措施和监督管理工作。

第六条 市教育部门主管本市行政区域内的学前教育与托育服务工作,牵头推进学前教育与托育服务公共服务体系建设,制定发展规划和相关标准、规范,负责监督管理和指导服务工作。区教育部门具体负责本行政区域内学前教育与托育服务的监督管理和指导服务工作。

卫生健康部门负责对幼儿园、托育机构和社区托育点的卫生保健、疾病预防控制等工作进行业务指导和日常监管,制定相关标准、规范,依法开展传染病防治、饮用水卫生等监督检查。

发展改革、财政、规划资源、住房城乡建设管理、房屋管理、市场监管、人力资源社会保障、民政、公安、应急管理等部门和消防救援机构按照各自职责,共同做好学前教育与托育服务的相关管理和保障工作。

课后习题

参考答案

1. 简述我国托育服务的理念。

2. 我国0—3岁婴幼儿早期教养遵循"_____、_____"的原则。

3. 请简述我国的托育机构类型的划分。

4. 开展一次小型问卷调查,了解所在地区托育机构服务模式的现状和家长需求。

第二章　托育机构(2 岁以下)的保教实践

 学习目标

☑ 1. 明确针对 2 岁以下婴幼儿的托育机构的功能定位。

☑ 2. 理解针对 2 岁以下婴幼儿的托育机构的活动特点。

☑ 3. 对不同类型的托育机构的活动内容有比较全面的认知。

小青找到了实习工作,并与班级同学交流了实习内容和感受。

　　有的同学说:"我所在的这家机构,一个老师负责几个孩子的生活照料,他们说重在孩子吃好睡好。老师对孩子的照顾,也想力求做到细致,但是忙的时候,还是难免不能及时回应孩子的需求。"

　　有的同学说:"我的实习单位和你的完全不一样,生活方面有专门的保育员负责,老师主要负责组织孩子活动,活动是很松散的,就是陪着孩子一起玩各种玩具,偶尔也会组织一些集体艺术活动、音乐活动,但是孩子的参与度还是因人而异的。"

　　还有的同学说:"我这边是亲子园的模式,老师主要的工作就是创设环境,然后还要组织一些家长指导活动。"……

　　大家多样化的实习经历,与目前国家鼓励多种类型的托育机构共同开办有关。2021 年,国家卫健委制定了《托育机构保育指导大纲(试行)》,这是目前托育机构保教实践的权威参照文本,对规范托育机构的保教实践起到了推动作用。对托育机构保教实践的不同内容进行了解,也是同学们在踏上工作岗位前需要学习的重要内容。

第一节 托育机构(2岁以下)的功能定位和活动原则

一、针对2岁以下婴幼儿的托育机构的功能定位

0—3岁是儿童生命中最重要的一段时间,是他们的身体、心理快速发展的时期,医学、脑科学、心理学等方面的研究不断证实了0—3岁是早期教育不容错过的关键时期。因此,对于0—3岁的婴幼儿,既要注重"养",也要关注"教",要遵循"以养为主,教养融合"的原则。

《国务院办公厅关于促进3岁以下婴幼儿照护服务发展的指导意见》,提出了"家庭为主,托育补充""安全健康,科学规范"的基本原则。《托育机构保育指导大纲(试行)》指出托育机构要"通过创设适宜环境,合理安排一日生活和活动,提供生活照料、安全看护、平衡膳食和早期学习机会,促进婴幼儿身体和心理的全面发展"。同时,托育机构要提供指导服务,"帮助家庭增强科学育儿能力"。

托育机构作为促进儿童早期发展的专业场所,是连接婴幼儿、社会和家庭的桥梁。在本书中,将先行介绍针对0—2岁婴幼儿的保教实践活动,因为他们大部分的时间仍在家庭中散居。针对这一群体的托育机构有的偏重养育照护,有的偏重早期教育,有的则专注家庭教育指导,呈现出功能分解的特点。对于0—2岁的婴幼儿,应注重同时提供婴幼儿早期教养服务和家庭教育指导,促进托育机构和家庭的合作,携手全面养育婴幼儿,这也是未来托育机构综合发展的趋势。

二、针对2岁以下婴幼儿的托育机构的活动原则

基于2岁以下婴幼儿的身心发展特点,相关托育机构的活动呈现出以下特点。

(一)活动安排多呈非连续性

对于年龄较小的婴幼儿来说,家庭是最适宜的教养场所,家长在婴幼儿的发展过程中承担了重要的、无可替代的作用。正是因为如此,国家相关政策倡导"家庭为主,托育补充"的原则,并鼓励多种形式的托育服务模式,比如半日托、计时托、临时托等。还有一些民办托育

机构,推行计次活动,以满足家长多样化的需求。这就决定了托育机构的活动安排不可能像全日制幼儿园一样,婴幼儿每次在托育机构的时间有可能是半天,或是几个小时,而且有可能不是每天都来,而是定期来一次,同时特别多地会参与一些需要父母陪伴的教养活动。

（二）活动内容注重整合性

婴幼儿的早期发展是通过感知各种事物、操作物品、人际互动等综合活动而进行的。因此,在活动内容的设计上也要考虑感知觉、动作、情感、认知、语言等多方面的渗透和整合,同时要注重养育和教育的自然结合与融合,比如在餐点环节,引导婴幼儿积累各种经验:食材的色、香、味的感知觉经验,认识餐具的数量的数理经验,养成坐在餐桌旁吃饭并使用勺子的生活经验,等等。切忌分门别类地进行知识学习,也不能进行专门的训练,而应是潜移默化地影响,使婴幼儿得到全面协调的发展。

活动内容的整合性还体现为托育机构既要开展针对婴幼儿的教养活动,也要注重开展面向家长的活动,以促进家庭教养和托育机构教养的连续性。这里需要指出的是,面向家长的活动除了注重以保教人员为主导的科学育儿指导活动外,还应提供平台,促进保教人员与家长、家长与家长间的相互学习。

（三）活动形式强调游戏化

游戏既是婴幼儿身心发展的需要,也是促进婴幼儿全面发展的重要手段。按照皮亚杰对儿童游戏的划分,2岁以下的婴幼儿处于"机能游戏"阶段,他们喜欢反复地摇晃物品,不断地抓、丢玩具等。在这个过程中,他们会获得快感,并建立和巩固大脑中更多脑神经元之间的联系,保持大脑的运动模式,保持记忆,满足身心发展的需要。

婴幼儿在游戏的过程中,用动作来探索和认识周围世界。在婴幼儿看来,这是一种自主行为,在经过反复练习后,对物体的控制使他们意识到了自己的力量。接着,在快乐的情绪下,由于脑分泌的激素的作用,婴幼儿会持续进行练习,不断地校正,直至掌握新的技能,这就是游戏促进婴幼儿发展的作用过程。

托育机构(2岁以下)的活动特点

婴幼儿一日的活动安排，受到在托育机构时间长短不同的影响，呈现出多样化的特点。本节主要聚焦婴幼儿在托育机构一段时间(半年、一年或更久)的长程活动安排展开。

以婴幼儿进入托育机构的时间为线索，婴幼儿的活动安排可分为三个阶段：适应阶段、发展阶段、衔接阶段。每个阶段婴幼儿教养和家长教育的活动重点都会有所不同。

一、适应阶段

此阶段婴幼儿的身心状态还处于发展初期，对环境变化的适应能力较差。进入托育机构后，婴幼儿离开了日常熟悉的环境和人，会产生不安全感和压力感。因此，在婴幼儿进入托育机构的初期，需要经历一个适应阶段。这个阶段，托育机构的活动重点包含以下内容。

（一）婴幼儿教养：促依恋关系建立

在探索陌生环境时，父母或保教人员的陪伴所带来的安全感是帮助婴幼儿缓解压力的重要因素。因此，在适应阶段，要注重婴幼儿与父母或主要照料者、保教人员之间安全依恋关系的建立。

适应阶段的活动要允许婴幼儿在父母或主要照料者的陪伴下，熟悉新的环境、保教人员和同伴。活动安排要灵活，因人而异，婴幼儿在托育机构的时长要采取梯度增加的模式。

（二）家庭教育指导：促信任关系建立

家长对托育机构及保教人员的信任程度，不仅会影响家园合作，而且会间接影响婴幼儿的适应情况。比如一些家长在把宝宝送进托育机构时，比宝宝还焦虑，担心宝宝吃不好、睡不好，担心保教人员不能及时关注宝宝的需求等，这些焦虑情绪会反映在家长与保教人员和宝宝的相处上，易造成彼此间的不信任，在无形中加剧宝宝的焦虑情绪。

因此，在适应阶段，托育机构可以提前或在婴幼儿进入托育机构初期，组织家长活动，带领家长参观园舍环境，让家长尽可能全面地了解托育机构的课程理念、师资队伍、各项活动的具体流程以及适应阶段需要家庭注意和配合的事项等;另外还可以安排家访、家长面谈等活动,了解父母的家庭教育想法、教养风格以及婴幼儿的相关情况等;每次活动结束后,要及时和家长进行婴幼儿在托育机构情况的反馈。

二、发展阶段

伴随婴幼儿对托育机构的环境、保教人员和同伴的逐渐适应,他们开始能够离开父母或保教人员,自主地去探索周围的环境。这个时候,婴幼儿就正式进入了发展阶段,他们与托育机构环境的互动、对各类活动的积极参与,都能促进自身各方面的发展。这个阶段,托育机构的活动重点包含以下内容。

(一)婴幼儿教养:鼓励自由探索和发现

年龄越小的婴幼儿,越是按照自身的"大纲"在发展,这里的大纲指的就是婴幼儿身心发展成熟的进度。每个婴幼儿身心不同方面的成熟时间不同,比如有的婴幼儿是先开口说话再学会直立行走,有的婴幼儿则是相反,所以要尊重婴幼儿的个体差异,为他们创设宽松的发展环境,鼓励婴幼儿自主探索,因人而异地提供发展方面的支持。

(二)家庭教育指导:鼓励开展有效陪伴

家庭教养和托育机构教养形成连续性,将更有助于婴幼儿的全面发展。家长在家庭中的早期教养是通过亲子互动来产生影响的,比如家长在帮宝宝洗澡的时候,不仅是在提供照护,其中还蕴含了很多教育的契机:感知水的冷热,亲子间"滑滑的""白白的""软软的"等语言交流。这些日常的亲子互动都有助于发展婴幼儿的感知觉、语言、认知等。

在发展阶段,托育机构可以通过多样化的指导活动,促进家长增进对婴幼儿行为的理解,帮助家长积累丰富的亲子互动技巧、经验,使其在家庭中也能开展有效陪伴。

三、衔接阶段

2岁以下婴幼儿的生活活动和问题解决,大部分需要成人的帮助。随着婴幼儿年龄的增长,他们的动作发展越趋成熟,同时,他们的自我意识也在不断发展,萌发了"我要自己做"的强烈愿望,主要表现为他们会拒绝成人帮助喂饭,抢过勺子,自己尝试往嘴里塞等。这就需要托育机构和家庭关注孩子独立性的培养,为婴幼儿开展更长时间的托育机构活动做好准备。这个阶段,托育机构的活动重点包含以下内容。

（一）婴幼儿教养：注重自理能力和良好习惯的培养

独立性，也称不依赖性，指婴幼儿逐渐摆脱对成人的依赖，自己进行问题解决。培养婴幼儿的独立性，不仅是满足其自我意识发展的需要，而且有助于培养孩子的自信心和创造性。

为了让婴幼儿逐渐过渡到独立自主地参与活动，要注重提高婴幼儿的自理能力，培养婴幼儿初步的劳动意识，同时为他们提供自主解决问题的空间，并在婴幼儿取得进步时，给予及时的鼓励，促进婴幼儿的持续发展。比如在洗手环节，保教人员可以借助朗朗上口的儿歌开展保教活动："小小手，洗一洗；小毛巾，擦一擦；小手洗得真干净。"婴幼儿边说边做的洗手过程，不仅会让洗手活动变得有趣，而且有助于婴幼儿养成自己洗手的好习惯。

（二）家庭教育指导：注重家园同步一致

婴幼儿独立性的培养离不开家庭和托育机构的合作，家庭在婴幼儿独立性培养方面存在着更为复杂的情况，比如有的祖辈对婴幼儿的爱护比较容易"过度"，即包办代替了他们的起居，很不利于婴幼儿独立性的养成；即使是父母自己带养孩子，也会因不了解方法而不能很好地培养孩子的独立性。

因此，在衔接阶段，托育机构要注重向家庭传播科学育儿理念，帮助家长积累培养婴幼儿独立性的方法和技巧，以促进家校在婴幼儿培养方面的同步一致。

托育机构(2岁以下)的活动类型及具体内容

婴幼儿的教养活动内容以整合性为目标,基于此,托育机构的活动基本包括了以下几种类型:生活活动、游戏活动、圆圈活动、丰富性活动以及家长指导活动。

一、生活活动

婴幼儿正处于生长发育的关键时期,对其进行生活照料和养育是托育机构的首要任务,但同时,也要注重"教养融合"。生活活动就是以不同的生活环节为载体,开展以习惯养成为侧重点的相关活动,比如进餐习惯、饮水习惯等。

生活活动注重通过环境创设、成人和婴幼儿的有效互动来实现培养各类习惯的目标,比如在洗手区,可以同时设置成人盥洗池和多个婴幼儿盥洗池,促进盥洗活动中成人和孩子、不同孩子之间的相互模仿。

▲ 图2-1 洗手

▲ 图2-2 婴幼儿的餐厅

另外,生活活动的组织要尊重婴幼儿的个体差异,注重因人而异地给予支持和帮助。比如可以在餐厅中摆放不同种类的桌椅(宝宝椅、高餐桌、矮餐桌等),支持不同发展阶段的婴幼儿养成良好的进餐习惯。

二、游戏活动

游戏活动侧重于促进婴幼儿各方面能力的发展，保教人员通过创设多样化、丰富的环境，激发婴幼儿与材料的互动，支持婴幼儿的自主性发展。游戏活动的内容也会随着季节的变化、婴幼儿的兴趣爱好等，进行不定期的调整。游戏活动包括创造性游戏、探索性游戏、听说游戏和运动游戏。

（一）创造性游戏

婴幼儿的创造力实际上从其刚出生时就开始发展了。半岁左右的婴儿，已经会做抓、摇、拧、扔等各种各样的动作尝试，这时其创造性思维活跃了起来，开始了自己的学习和思考。创造性游戏会为婴幼儿提供良好的自我表达表现的机会。创造性游戏的内容包括建构活动、角色活动、涂鸦活动、律动活动。

▲ 图2-3　有趣的娃娃家　　　　▲ 图2-4　好玩的橡皮泥　　　▲ 图2-5　小小画师

⚛ 活动设计

活动名称：涂鸦天地

设计意图：

毕加索曾说过："我用一生去学习像孩子那样画画。"每个孩子都是天生的艺术家。对于1—2岁的婴幼儿来说，他们特别喜欢"乱画"，这是由于他们对手和臂膀的简单动作留下的痕迹感到好奇，从而激发起了最早的涂鸦兴趣。虽然在早期涂鸦时，婴幼儿在用手握笔随意涂画的过程中还不懂得手腕的协调运动，对线条的方向感和线条的长度把控也不熟练。但是涂鸦的过程让婴幼儿心里得到了满足:他们通过绘画来宣泄自己的情绪,展现无法用语言表达的身边事物,想象力、观察力、创造力都在涂鸦的过程中尽情释放。

材料投放:

1. 可供随意涂鸦的桌子或者自制纸箱组合。

2. 涂鸦颜料及工具(毛笔、棉签、小刷子等)。

▲ 图2-6　纸箱组合的涂鸦天地

▲ 图2-7　方便拿放的涂鸦颜料及工具

可能出现的玩法:

1. 尝试用毛笔蘸取清水,在纸上进行涂鸦。

2. 尝试利用棉签和颜料进行点或线的涂鸦。

3. 尝试利用刷子和颜料进行涂鸦或者用手指画。

4. 试着和爸爸妈妈说说画了什么,喜欢什么颜色等。

温馨提示:

1. 选择的毛笔可以包含各种粗细的;纸张建议选用练笔纸,可以反复使用。

2. 毛笔涂鸦用少量清水即可。

3. 涂色时可以提供反穿衣,防止宝宝弄脏衣物。

4. 颜料要选择可水洗的,须安全无毒。

▲ 图2-8　在"涂鸦天地"的幼儿

(二)探索性游戏

婴幼儿通过听觉、视觉、嗅觉、触觉等来探索周围的事物,从而形成自己的想法和概念。

探索性游戏侧重为婴幼儿提供积累丰富感知觉经验的机会。探索性游戏内容包括自然活动、感知觉活动、光影活动。

▲ 图 2-9　纸片飞舞　　　　　　　▲ 图 2-10　钓小鱼

（三）听说游戏

听说的能力是婴幼儿与他人交流和沟通时需要的基本能力。听说游戏通过提供适宜的图片、图书鼓励婴幼儿逐步学习倾听、表达。听说游戏内容包括小剧场活动、阅读角活动。

▲ 图 2-11　绘本阅读

活动设计

活动名称：**小剧场**

设计意图：

手偶、指偶因为有着可爱的动物造型而深受孩子们的喜爱。手偶、指偶游戏具有良好的互动性,同时在玩手偶、指偶的过程中,不仅可以锻炼婴幼儿手部的小肌肉群,而且通过与成人或同伴的对话交流,可提升婴幼儿的语言表达和交往能力。在托育机构中,孩子们喜欢观看手偶、指偶故事表演,因此可在游戏室中搭建一个小剧场,让孩子和爸爸妈妈一起互动,自己表演手偶、指偶故事。

材料投放:

1. 小剧场布帘。

2. 手偶和指偶若干。

可能出现的玩法:

1. 尝试自己摆弄手偶或指偶。

2. 和成人、同伴对话交流,简单地进行手偶、指偶表演。

▲ 图2-12　幼儿摆弄手偶

▲ 图2-13　成人与幼儿玩手偶表演

温馨提示:

1. 小剧场可以创设在较为安静的角落,给予孩子充分表达的机会。

2. 手偶和指偶应注意清洗与消毒,还可以根据课程内容定期进行调整或更换。

（四）运动游戏

运动游戏是指以身体的动作和活动来达到快乐运动目的的活动。婴幼儿是以一些基本动作来进行游戏的,比如爬行、登高、追跑、投掷等。运动游戏有利于婴幼儿神经系统和体格的发育。运动游戏内容包括室内运动活动、户外运动活动。

▲ 图2-14 户外运送清水游戏

▲ 图2-15 宝宝自己上楼梯

三、圆圈活动

圆圈活动是成人和婴幼儿围坐在一起开展的小组游戏活动,时长一般为5—10分钟。通过活动的实施,可促进婴幼儿与同伴、成人建立良好的关系,体验共同活动的快乐。根据活动安排的不同阶段(适应阶段、发展阶段、衔接阶段),圆圈活动的内容也有不同的侧重点(如表2-1所示)。

表2-1 三阶段圆圈活动内容列举

阶段	活动内容
适应阶段	● 律动游戏:大家做游戏、玩具我爱你、落叶飞、小手在哪里、火车开来了、摇啊摇、打小鼓、吹喇叭 ● 运动游戏:拉个圆圈走走、吹泡泡
发展阶段	● 律动游戏:学小动物、嘚啪、小飞机、得儿驾、七步音阶、身体音阶歌 ● 阅读活动:妈妈过生日、我爱读书 ● 运动游戏:模仿操、玩小球、小手小脚、跟着老师走走
衔接阶段	● 律动游戏:小鸟飞、动物模仿操、点名游戏、打蚊子 ● 阅读活动:我上托儿所 ● 运动游戏:拍蚊子、玩手帕

适应阶段的圆圈活动以亲子圆圈活动或小集体活动(2个或3个婴幼儿一起开展)为主,

活动内容以轻松愉悦的律动游戏、运动游戏为主,让婴幼儿感受大家一起玩的快乐,缓解焦虑情绪。

发展阶段的圆圈活动以分组集体活动为主,鼓励全体婴幼儿分批参与。2岁左右是语言敏感期,因此活动内容进一步与阅读活动结合,在活动实施过程中丰富包含师幼互动的环节。

衔接阶段的圆圈活动,在活动内容上以律动游戏、阅读活动和运动游戏为主,在活动实施过程中进一步创设更多师幼互动、同伴互动的机会。

▲ 图 2-16 拉个圆圈走走

▲ 图 2-17 圆圈活动

四、丰富性活动

丰富性活动以主题性活动为主,定期开展,如每月一次,或是在固定的时间开展,比如节日、毕业季等。通过丰富性活动的实施,可进一步促进婴幼儿的全方位发展。

(一)木偶戏剧活动

戏剧的表现形式生动、综合,可以培养婴幼儿的审美能力。木偶戏剧活动营造了适合低龄婴幼儿的戏剧表演氛围,使他们萌发喜爱倾听和欣赏经典戏剧的意识;感受戏剧表演的乐趣,初步培养观赏表演时的礼仪。在活动组织上,可以鼓励父母参与其中。

🔬 活动设计

活动名称:拔萝卜

活动准备:

1. 表演舞台(幕布)、家长和婴幼儿坐垫若干。

2. 道具准备：播放器、故事录音、与故事匹配的服装。

3. 家长若干（在活动前和家长进行简单的沟通，告知站位、服装、表演等要求）。

4. 手指胡萝卜若干（若有对胡萝卜过敏者，可用其他水果替换）。

活动目标：

1. 能安静地观赏短小的戏剧表演。

2. 尝试理解简单的故事剧情，获得齐心协力拔萝卜的愉快情绪体验。

活动过程：

一、观看拔萝卜的演出，初步了解故事内容

提问互动：宝宝们看到有哪些小动物来帮忙拔萝卜？

二、增加音乐儿歌表演，进一步熟悉故事内容

提问互动：小动物们又要去帮助老公公拔萝卜了，我们拍拍手、唱唱歌，给他们加油！

三、互动游戏：拔萝卜

提问互动：哇，出来一个大萝卜。宝宝们来帮忙一起拔萝卜！（一位家长蹲坐在幕后，装扮成胡萝卜，露出帽子上的绿叶）萝卜拔出来咯！（家长演员起身从幕后出现和宝宝互动，并赠送手指胡萝卜给每个宝宝）

四、活动延伸

建议将手指胡萝卜带回家进行亲子家庭种植活动。

（二）节庆活动

节庆活动是借助节日契机开展的丰富性活动。即在节日来临之际开展适宜的庆祝活动，让婴幼儿感受一起过节的快乐。比如儿童节、中秋节等，都可开展节庆活动。

▲ 图2-18 "拔萝卜"活动现场

（三）食育活动

食育活动是指借助自然、朴实的食物，组织有趣的劳作并品尝美食的活动。食育活动不仅能调动婴幼儿的感官，让他们享受品尝食物带来的美好体验，而且能促进婴幼儿和食物之间的联系与互动，帮助婴幼儿建立对食物的积极情感，对培养"爱吃饭"的婴幼儿具有深远的影响。

▲ 图 2-19　剥小豌豆

▲ 图 2-20　洗洗小红薯

案例分享

食育活动:草莓的秘密

草莓总是能吸引宝宝的注意,它红红的、香香的,吃到嘴里酸酸甜甜的。老师选择它作为食育的教材,和宝宝来一场人和食物的欢乐互动,一起享受大自然的馈赠,发现食物,探索食物,享受食物。

一、共读绘本

选择绘本《小草莓转啊转》,宝宝围坐在一起,在老师的带领下阅读。

草莓变蛋糕的故事很好玩,宝宝很喜欢。有的宝宝想伸手去摸草莓,有的宝宝想要自己翻书。老师让宝宝自己来翻书,让他们找一找自己喜欢的草莓。

二、共品味道

老师端出草莓前,首先提醒宝宝洗干净小手,老师念儿歌:"吃草莓,吃草莓,先去洗洗手,再来吃草莓。"

"宝宝自己选一个喜欢的草莓。"

"看一看,闻一闻。"

"跟着老师一起说'小草莓,红红的,戴着一顶小绿帽'。"

"宝宝帮草莓'脱'小帽。"

"草莓是什么味道?"

在师幼互动中,宝宝积累了多方面的经验,如感知觉、动作、语言等经验。

三、共探变化

草莓还能变什么？

作为系列活动的一部分，老师邀请了"家长老师"，为宝宝演示草莓酱的制作，宝宝近距离观察草莓变成草莓酱的过程。

"切一切""滴一滴""搅一搅""煮一煮"。

"哇，草莓酱做好啦，真神奇！"

"试试看，宝宝帮忙搅一搅草莓、挤一挤柠檬汁……"

"草莓酱做好啦！"

宝宝观察到了食物变化的过程，极大满足了他们的好奇心，在草莓酱做好的时候，宝宝也体验到了自己动手的成就感。

（四）毕业活动

毕业活动是庆祝婴幼儿的健康成长、家长育儿水平提高的纪念活动。活动中，保教人员为每一位婴幼儿及其家长颁发毕业证书，大家合影留念，纪念托育机构活动的完成。

五、家长指导活动

家长指导活动是指针对家长群体中存在的育儿理念有误、教养方式缺乏科学性等问题，以及家长在教养过程中多样化的教养需求开展的活动，旨在帮助家长提高科学育儿水平，解决育儿困惑，成为合格的教养者。同时，帮助家长了解婴幼儿在机构中学习的内容，不仅有利于保持托育机构教养和家庭教养的连续性，更有利于婴幼儿的全面发展。根据组织形式的不同，家长指导活动可分为父母课堂、家长沙龙和个别化咨询。

（一）父母课堂

父母课堂是邀请有关专家开展的家庭教养活动，活动内容聚焦家庭教养理念、婴幼儿认知发展、早期教养实践等，通过系列活动的实施，增加家长的科学育儿知识。在活动形式

▲ 图 2-21 营养师给家长开设婴幼儿膳食工作坊

上，以讲座、参与体验活动、工作坊等为主。比如，在家长体验日活动中，邀请全体家长来到托育机构，在保教人员的带领下，亲身感受托育机构的活动环境和一日流程；邀请婴幼儿营养师开设工作坊活动，对婴幼儿膳食制作进行讲解与制作等。

（二）家长沙龙

家长沙龙是以家长为主体发起的分享交流活动，家长围绕某一个教育话题，以交流、讨论的方式，分享自己的育儿困惑、经验或教训，注重家长之间的平等交流、相互促进、互帮互助。家长沙龙的内容可以常见的育儿困惑为话题，比如"宝宝不会和别人友好相处""宝宝不好好吃饭""难以进行家庭有效陪伴"等；也可以聚焦教养人的属性，开设祖辈育儿沙龙、爸爸育儿沙龙等，寻找可以引发共鸣的沙龙话题。

通过分享交流的形式，家长主动参与并分享家庭教养案例，发起家长之间的探讨，获得相关经验，交流家庭育儿技巧，减少育儿焦虑。保教人员在家长分享交流的过程中，通过倾听，能更好地了解家长的需求、家庭情况以及家庭教养状态，同时从家长的身上汲取更具针对性的家庭教养实践经验。

📖 案例分享

家长沙龙活动：聊聊戒纸尿裤这件事

怎么让孩子尽快地自主如厕，早日摆脱纸尿裤，是许多家长需要面对的问题之一。戒纸尿裤的时间选择在夏季比较合适，因此，在天气逐渐热起来后，教师在家长群里进行了问卷调查，了解目前机构中的幼儿使用纸尿裤的情况。通过调查，教师发现有一些孩子已经可以全天不使用纸尿裤了，也有一些只需晚上使用，这些家长帮助孩子戒纸尿裤的心得应该比较有借鉴意义。于是就此话题，教师利用周末时间举行了一次家长沙龙，邀请了五位家长来分享自己是如何帮助孩子戒纸尿裤的，其他家长则通过自愿报名参与沙龙活动。

沙龙活动中进行交流分享的家长用生动的照片和简明扼要的文字，诠释了许多戒纸尿裤的好方法。如：提供适合孩子的坐便器、成人的有效示范、积极表扬等，其他参与沙龙的家长也在愉快的氛围中，畅所欲言，并积极地交流、互动。同时，教师用一些科学理论解释了戒纸尿裤背后的原理，如用条件反射的原理学习规范、用动力定型的方式强化习惯、用生理节律的特点建立秩序感，帮助孩子更好地完成这一重要时期的发展。

　　这次家长沙龙气氛热烈，许多参与的家长都在活动后反馈：可以在家长沙龙中，从其他家长身上获取更多成功的经验，帮助自身更好地调整教育方式。活动之后，教师也获悉许多家长学以致用，积极实践，许多孩子在这之后成功地戒除了纸尿裤。

（三）个别化咨询

　　个别化咨询是聚焦婴幼儿发展过程中的个性化问题，提供更具针对性的家长育儿指导的活动，以一对一交流沟通的形式展开，且一般在普适性的指导活动无法解决家长的相关困惑时开展。个别化咨询的内容一般聚焦婴幼儿发育评估、发育预警、异常表现等内容，如婴幼儿的生长指标异常、其他方面的发育水平明显低于周围同伴等。

课后习题

参考答案

1. 请简述托育机构应该承担哪些功能。
2. 针对2岁以下婴幼儿的托育机构的活动原则有＿＿＿＿、＿＿＿＿、＿＿＿＿。
3. 请简述家长指导活动包括哪些类型，不同类型之间的区别体现在何处。

第三章 托班(2—3岁)保教环境创设

 学习目标

☑ 1. 理解环境对于托班幼儿发展的重要性。

☑ 2. 明确班级环境的创设需要基于托班幼儿的年龄特点。

☑ 3. 理解物质环境和精神环境创设的原则与要点。

毕业后,小青入职一所托育机构,成为一名新教师。她很喜欢小朋友,面对即将入园的托班宝宝,她有着极高的热情。可是当她面对一间空教室和堆放在里面的橱柜时,却感到有点无从下手。于是她进行了一些尝试,先设计了娃娃家、阅读室、小舞台等活动区域,再利用高矮不同的橱柜的组合,将各个区域进行了分隔,并通过环境暗示幼儿哪边是出入口。接着,她挑选了各种颜色丰富的材料,开始设计区域、制作教玩具……

很快就到了九月开学季,托班的宝宝来园了,见到了他们的小青老师。小青老师满心期待着幼儿开心喜爱的眼神,却发现他们只是在活动区域的外围走来走去,并没有想要走进去的想法;刚刚制作好的崭新的教玩具,宝宝一不小心就拍坏了;而当她想要后退一步站在远处进行观察的时候,却发现有些角度根本看不到小小的他们在做什么……小青老师感到又苦恼又困惑,显然她在尝试中遇到了困难。那么,到底应该怎样来创设一个适合托班幼儿的环境呢?

第一节 婴幼儿保教环境概述

一、保教环境的内涵

环境是相对于某一事物或主体而言的,是指围绕某一事物或主体,可能对该事物或主体产生一定影响的所有外界事物或客体的总和。[①] 托育机构是为婴幼儿提供看护、照料、早期教育等服务的场所。托育机构开展一切活动的目的都是影响和支持婴幼儿的生活、学习与发展。因此,托育机构的保教环境是指为婴幼儿生活、学习与发展所提供的一切外部条件的总和。

保教环境是通过人的活动形成的。从环境构成内容的特质来看,托育机构的保教环境可以细分为物质环境和精神环境,其中物质环境是可见的影响托育机构活动开展的基础性条件,而精神环境是对婴幼儿发展产生潜在影响的因素的总和。

二、保教环境对婴幼儿发展的价值

（一）婴幼儿是通过与环境的互动获得学习和发展的

心理学研究表明,环境对于人有着潜移默化的影响。0—3岁儿童的学习基于生理成熟和已有发展水平,他们自发地使用各种感官、多种动作和语言沟通来探索周围世界,并以不断重复的行为强化着从环境中获得的经验、能力,从而形成新的发展。在这个过程中,为儿童提供丰富而温馨的环境与适宜的活动机会,给予积极的、能满足其需要的回应,是至关重要的。

因此,保教人员需要创设这样的环境:幼儿置身其中,能够根据自己的能力和兴趣,自主地选择区域进行游戏、尽情探索、展开交往,进而获得发展。

---

① 刘焱,何梦燚.幼儿园教育环境创设[M].北京:高等教育出版社,2014:3.

 **拓展阅读**

双生子爬梯实验及启示

美国心理学家格塞尔曾经做过一个著名的实验:被试是一对出生46周的同卵双生子A和B。格塞尔先让A每天进行爬梯训练,6周后,也就是第52周,A爬5级梯只需26秒。而在第53周时,此前没有经过任何训练的B,爬梯还需要45秒,格塞尔再对B连续进行2周的爬梯训练,到第55周,B爬上5级梯只需10秒。在这之后,格塞尔发现,尽管A比B早进行训练,但是在56周和3岁时,A和B的爬梯成绩惊人地相似。

这个实验给我们的启示是:教育要尊重孩子的实际水平,在孩子尚未成熟之前,要耐心地等待,不要违背孩子发展的自然规律,不要违背孩子发展的内在"时间表"。人为地通过训练加速孩子的发展,有时并不能取得良好的效果。

在现实中,有些年轻父母,往往不按照孩子发展的内在规律,意欲通过训练来加速孩子的发展。孩子一般在3个月时会俯卧,能用手臂撑住上半身并抬头,4—6个月会翻身,7—8个月会坐会爬,1岁左右会站立或独立行走。有些心急的父母通过学步车等,企图让孩子越过"爬"的阶段,或者很少让孩子爬,就直接学走路。这种"跨越式的发展",虽然也许能让孩子早早地学会走路,但过早走路对孩子的骨骼发育不利,影响形体健美,还容易形成扁平足,造成孩子日后走路步伐不稳、跌跌撞撞。

在促进孩子的心理发展方面,人为加速孩子的发展,同样会对孩子心理的健康发展产生危害。幼儿期的孩子正处在"游戏期",这个时期的教育应以游戏为主,在游戏中帮助孩子积累感知觉经验,发展心智,培养社会交往能力。不少的家长却认为游戏浪费了孩子的时间,于是将更多时间花在提前教导孩子学习知识(如读、写、算)或才艺(如绘画、弹琴、舞蹈)上,将孩子提前置于不成功便失败的压力之下,这会使孩子养成以后遇事退缩的不良个性。

(二)环境是保教人员可运用的重要教育资源

意大利教育学家蒙台梭利曾这样描述环境之于幼儿的重要意义:"在教育上,环境所扮演的角色相当重要,因为幼儿从环境中吸收所有的东西,并将其融入自己的生命之中。"幼儿是在与周围环境相互作用的过程中,通过直接感知而获得学习的,越是年幼的幼儿,环境对他们的影响越大。由此可见,环境是一个非常重要的教育资源,是托育机构中的隐性课程。

因此,保教人员需要创设这样的环境:保教人员置身其中,能够充分地观察幼儿、从容地与幼儿互动、有序地组织各项活动,从而助力幼儿的成长。

 **拓展阅读**

显性课程与隐性课程①

显性课程与隐性课程是两种在性质和功能上都不同的课程类型。有学者曾就三个方面区分了这两种不同类型的课程。第一个方面是课程的计划性,显性课程是有计划的、有组织的学习活动,学生有意参与活动的成分很大,而隐性课程则是无计划的、无组织的学习活动,学生在学习活动中主要获得的是隐含于课程中的经验。第二个方面是学习的环境,显性课程主要通过课堂教学获得知识和技能,而隐性课程则主要通过学校环境(包括物质环境、社会环境和文化影响等)得到知识,形成态度和价值观。第三个方面是学生的学习结果,学生在显性课程中获得的主要是预期性的学术知识,而在隐性课程中,学生获取的主要是非预期性的内容。

显性课程与隐性课程之间存在着内在联系。一方面,在显性课程实施的过程中常常伴随着隐性课程,特别是如果显性课程的实施过程能充分发挥师生双方的自主性和创造性,那么课程实施中就一定会出现更多的非计划的、非预期的教育影响。另一方面,隐性课程也在课程实施的过程中不断地转化为显性课程。这就是说,在显性课程实施中发生了隐性课程的影响,若是不好的影响,就会引起对显性课程所产生影响的控制;若是好的影响,隐性课程就有可能转化为显性课程,而这些新的显性课程在实施过程中又会产生新的隐性课程。

---

① 朱家雄.幼儿园课程(第二版)[M].上海:华东师范大学出版社,2011:8.

第二节 **物质环境创设**

一、物质环境的定义

物质环境，是指有形的部分，包括物质条件，如园舍建筑、硬件设置、场地材料等，以及其组合方式，如空间规划、整体布局、视觉设计等。

二、基于托班幼儿年龄特点的物质环境创设原则和要点

托班幼儿与小中大班幼儿相比，发展阶段不同，学习方式更是大相径庭。因此在创设环境时，需要从幼儿的年龄特点出发，创设能够促进幼儿不断与之互动，进而获得发展的环境。

（一）原则一：功能齐全

班级环境从功能上，主要分为：生活区域、游戏区域以及交通区域。生活区域是幼儿进行盥洗、进餐、午睡等生活活动的场所；游戏区域即幼儿的游戏空间，如娃娃家、小舞台、阅读区等；交通区域为幼儿走动的道路，连接着其他区域。

1. 家庭般的生活区域

生活活动是一日生活中非常重要的组成部分。托班的幼儿年龄小，依赖心理较重、情感需求较多，因此，保教人员需打造家庭般的生活区域，以此安抚幼儿，帮助幼儿完成从家庭到机构的身心过渡；同时培养幼儿养成良好的生活习惯，使其有自我服务的意识。

比如，保教人员需根据幼儿的身高，购置桌椅、茶杯架等用具，同时日常用品（例如水杯、餐巾纸）应摆放在幼儿随手可得的地方；再如，保教人员可利用墙面、柜面等空间，为不同的生活区域辅以教育暗示，例如在餐厅区的墙面上制作一个小娃娃，配上形象生动的蔬菜、水果、肉类等可操作的材料，以及勺子等餐具，激发幼儿自己动手吃饭、保持健康饮食的意愿，同时暗示幼儿从小养成健康饮食的好习惯。

▲ 图3-1 结合健康饮食教育的用餐环境

▲ 图3-2 方便自主取用的纸巾盒

▲ 图3-3 温馨的早点空间

2. 多样化的游戏区域

在设计游戏区域时，需要从幼儿的年龄特点、兴趣爱好及发展需求出发。如托班幼儿经常模仿成人的行为，出现简单的角色行为，且家是幼儿最熟悉的场景，因此娃娃家是必备的游戏区域；又如，托班幼儿喜欢用彩泥、画笔等工具材料进行美工活动，因此，教室中需安排一个美术区域，满足幼儿表达表现的愿望；再如，托班幼儿的动作发展，开始从粗大动作过渡到精细动作，因此保教人员可提供一些日常生活中的材料，如用小夹子为小刺猬打扮、用瓶盖设计安装车轮等，在生动的情境中，满足幼儿动作发展的需求。

▲ 图3-4 娃娃家

常见的托班游戏区域有：娃娃家、小舞台，以及美工类、建构类、玩车类、阅读类等区域。

▲ 图3-5　在娃娃家模仿烧菜

▲ 图3-6　用生活化材料玩搭建

▲ 图3-7　在艺术天地尽情创作

▲ 图3-8　可以边读边玩的阅读区

▲ 图3-9　装扮区

▲ 图3-10　尽情玩车

3. 指引性的交通区域

交通区域即教室中大大小小的道路。幼儿穿过交通区域，到达每一个游戏区域或生活区域。因此，在创设交通区域的时候，应确保道路畅通，即没有障碍物。

标识的有效运用,可让幼儿的行进更为安全有序。例如在盥洗室进出口的地面上,贴上进门的小脚丫和出门的小脚丫,以此提示幼儿进出需注意方向,靠一边行走,可有效避免拥挤或碰撞。又如在饮水桶前的地面上,可以贴上几对小脚丫,以此提示接水时需排队,有助于幼儿学习初步的社会规则。

▲ 图3-11 盥洗室前的小脚丫,进出分流　　　▲ 图3-12 饮水桶门口的小脚丫,暗示排队

(二)原则二:合理布局

各机构的建筑布局不同,各班级的构造本身有较大的差异。因此,保教人员需结合实际情况,因地制宜地设计教室,有效地、巧妙地利用空间,为幼儿创设一个能够满足其生活需求、活动需求、审美需求的环境。

1. 规划动线

托班幼儿的有意注意时间短,且容易转移,例如一个幼儿正在排队倒水喝,在等待的过程中,看到旁边的柜子上有玩具,他的注意力立马就会被玩具所吸引,从而忘记喝水这件事情。因此在创设环境的时候,需结合幼儿的年龄特点进行,合理设置动线,这样的设计可以减少不必要的干扰,让各环节的组织更高效。

如午餐后,幼儿需将饭碗收好,并漱口、擦嘴,所以在摆放家具位置的时候,可将擦嘴毛巾架和茶杯架摆放在一起,幼儿将饭碗送回到指定处以后,转身便可看到茶杯架,想起需要

▲ 图3-13 茶杯架的上层摆放擦嘴毛巾

漱口,而漱完口后,抬头就看到了毛巾架,这样,幼儿便可步行最短的距离,就将擦嘴和漱口这两件事情完成。如此布局既暗含了对幼儿行进路线的指引,避免来回行走浪费时间,又提示了幼儿应该做什么事情,以此养成自我服务的意识。

2. 动静分布

游戏区域是每个幼儿的最爱,游戏即学习。每个游戏区域的属性不同,在创设游戏环境的时候,需考虑动静分离。在需要安静的游戏区域边上,不宜设置喧闹的游戏区域,如阅读区不宜与小舞台相邻,小舞台有欢快活泼的背景音乐,有各种各样的乐器、琳琅满目的饰品,这对于在阅读区安静阅读的幼儿,会造成视觉、听觉上的干扰。

另外,有的区域容易产生联动,可以安排在相邻位置。如小舞台和娃娃家,幼儿可能穿着小舞台的公主裙,去娃娃家烧饭;或者带着娃娃家的宝宝,来小舞台看表演;又如语言区和美工区,幼儿在美工区进行创作,完成以后可以拿着他的作品,在语言区进行描述和展开;而在语言区的幼儿,当读到感兴趣的画面,并想将之进行创编的时候,就可以去美工区进行创作,这样的设置可以让幼儿在不同的领域都得到发展。

3. 开放布局

托班幼儿不同于小中大班幼儿,他们的各种心理活动带有明显的直觉行动性,常常走到哪里,玩到哪里,因此教室的各区域宜以开放式布局为主。

▲ 图3-14 区域之间少隔断,幼儿行动自如

▲ 图3-15 材料开放式呈现,幼儿一目了然

首先应减少隔断，当托班幼儿"看见"时，才会"想玩"。保教人员只需稍作隔断，将教室空间分为多个开放式区域即可，不用刻意地去营造一块一块的状态，而是应让每个区域互通，使幼儿能够在游戏中随意地更换区域。

其次将材料开放式呈现，如多选择无柜门、敞开式的柜子摆放材料，这样能够让幼儿清楚地看到教室中的每一样事物，方便其自主选择、自由探索。

4. 色彩和谐

不同的色彩传递着不同的信息。幼儿阶段是智力与审美能力快速发展的阶段，适宜的色彩能够影响幼儿的情绪与状态，培养幼儿的审美能力。

简单、鲜艳、明快、活泼的纯色调和甜美的柔和色调能够吸引幼儿的注意力，使他们感到舒服，舒缓其情绪，增强其好奇心，从而使其对当前的活动更感兴趣，进而主动去认识环境，投入活动。但并不是明艳的色彩越多越好，若太多的明艳色彩，往往会带给幼儿一种烦躁的心理感受。一般来说，整间教室的主色调有1—2个颜色即可，用少量其他颜色作为点缀搭配，让色彩为环境增添一抹亮色。

▲ 图3-16 托班教室环境全貌

（三）原则三：安全自在

托班幼儿对一切事物充满好奇心，其动作也进入了一个快速发展的关键期。他们对身体的控制力较差，缺乏自我保护的意识和能力，需要成人的保护和帮助。保教人员在创设环境时应注意安全、卫生，最大限度地保护婴幼儿的安全和健康，切实做好托育机构的安全防护工作，时刻将幼儿的安全放在首位。

1. 各区域无视线死角

在设计教室的格局时，首先考虑使用高矮不一的橱柜。托班幼儿较矮，为了顾全每一个幼儿的安全，在摆放橱柜的时候，应尽量将较高的柜子靠墙摆放，较矮的柜子用作隔断。这样保教人员在三位一体看护幼儿的时候，视线不会受到遮挡，能够看到全班幼儿的活动情况。

2. 避免一切安全隐患

托班幼儿皮肤娇嫩，对身体的控制能力较弱，缺乏对安危的判断意识，因此，保教人员在创设环境时需格外关注，及时消除安全隐患。如橱柜边角或墙面凹凸处，易造成磕碰，需包软边；托班幼儿的教玩具，其零件不宜过度细碎；幼儿的游戏区域无尖锐锋利的物品，制作教玩具后需及时整理，避免成人使用的剪刀、刀片、硅胶枪等工具遗留在幼儿的游戏区域内；此外，幼儿在游戏过程中，可能会造成玩具的损坏，或零部件的掉落，所以保教人员需经常检查每一件材料，并及时地进行维修。

▲ 图 3-17 适合幼儿自由探索自然物的教室一角

3. 投放地毯、抱枕等柔软物品

托班幼儿喜欢通过触摸来感知周围的环境，所以柔软的事物会带来友好的体验。相较于椅子，托班的幼儿更喜欢随意地坐在地面上，因为地面能够带给他们更多的舒适感以及安全感。因此，在教室中，保教人员也可遵循这样的特点，在一些区域适当地铺设一些软垫，这样既满足了幼儿的需求，又能够兼顾卫生，并起到保护幼儿膝盖的作用。

第三节　精神环境创设

一、精神环境的定义

精神环境，是指环境中无形的部分，既包含与幼儿紧密相关的小生态圈中的师幼关系、同伴关系等，也包含班级文化、家园共育文化等。

二、顺应托班幼儿发展需求的精神环境创设原则和要求

美国心理学家哈洛的恒河猴实验，对婴幼儿健康成长所需的精神环境具有很深远的启示意义：若在婴幼儿早期建立积极的情绪情感和相互信赖的人际关系，将有助于其长远发展。

 拓展阅读

恒河猴实验

20世纪50年代末，美国威斯康星大学动物心理学家哈洛做了一系列实验，他将刚出生的小猴子与猴妈妈及同类隔离开，而与两只人造母猴共处，一只是可供奶水的"铁丝母猴"，另一只是无法供奶的"绒布母猴"。起先，婴猴多围绕着"铁丝母猴"，而没过多久，情况发生了变化，婴猴仅在饥饿时才去找"铁丝母猴"吸几口奶，而更多时间则与"绒布母猴"在一起。

虽然这项研究的方法产生了很大的争议，但它确实给了我们很多启示：若要孩子身心健康地成长，那么父母对婴幼儿的照料仅仅停留在满足最基本的生存需求层面是远远不够的，一定要通过多种感官通道给予孩子积极的刺激，与其建立安全的依恋关系，才能够为婴幼儿的身心健康发展奠定基础。

（一）原则一：爱和尊重

爱是对婴幼儿进行教养的基石。托班幼儿虽然认知尚浅，但是他们对于情感的感受力是非常敏锐的。爱是接纳，是发现个体差异性但不作评价，也不把它视作缺点，而是以此了

解每个幼儿都是如此独特的个体。爱是全心全意的、无条件的。托班幼儿第一次离开熟悉的家庭,给他们家人般的关爱,恰当地向每个幼儿表现出亲密,满足其身心需求(如搂抱、安抚、热情应答等),能帮助幼儿的依恋逐渐从家人传递到保教人员。

《托育机构保育指导大纲(试行)》指出,托育机构保育应遵循"尊重儿童"的基本原则,要求保教人员要坚持儿童优先,保障儿童权利,尊重婴幼儿的成长特点和规律,关注个体差异,促进每个婴幼儿全面发展。

在一个充满爱和尊重的环境里,幼儿才会建立自尊,收获自信。

1. 创设情感流淌的师幼互动

保教人员需要与幼儿建立稳定的、安全的、良好的养育关系,让爱无处不在,让爱自然流淌。托班的幼儿认知浅近,对于感情的理解也很直接,如当妈妈说"我不爱你了",他们会真的认为妈妈不爱自己了。就算是最亲近的家人,他们之间尚且通过互相表达来确定情感,若保教人员想让幼儿感受到自己的爱,更要通过直接表达的方式。比如帮助幼儿养成良好的卫生习惯,比起讲有些抽象的道理,可以说:"如果宝宝不讲卫生,生病了,老师和妈妈会很心疼的。"这样幼儿更容易理解和配合。此外,幼儿喜欢肢体的接触,肢体动作是最直接传递情感的方式,温暖的拥抱胜过千言万语。

▲ 图 3-18 师幼温馨互动

2. 营造互相尊重的班级文化

爱和尊重,不仅体现在保教人员对待幼儿上,也在保教人员之间。哈佛大学儿童发展中心研究所进行的"幼儿在积极状态下和呆板状态下大脑发育发展的比较研究",直观展现了有害的压力会延缓婴幼儿大脑的发育。

托班幼儿是非常敏感的,他们虽然无法准确地描述他们的感受,但是就连周围微妙的变化,他们都会敏锐地捕捉到。成人生气了,他们会紧张,成人之间如果是不和睦的,会让他们处于矛盾与挣扎中,影响他们的健康成长。如果成人之间时常发生争执,他们更是处于惊恐与不安中。一个有爱的、平等的环境,需要由每一位成员共同打造、精心维护。

3. 建立正向表达的友爱空间

3岁以前的婴幼儿是按照自己的"大纲"发展的，且婴幼儿之间的个体差异较大。保教人员要充分了解幼儿现阶段的能力水平，多使用积极正向的语言化解日常的各种小插曲。

如当幼儿屡次违反规则时，成人时常脱口而出："不是跟你说过/你怎么又……"这样反问式的语言传递的是对幼儿的不认可。可以试试这样说："我们上次说过这个规则，是不是有点忘记啦？"幼儿也有自尊心，保教人员可以通过重申要求，巧妙地替代反问式的语言。

此外，恐吓式的语言会让幼儿感到焦虑，没有安全感，比如："你再不好好吃饭，警察叔叔要把你抓走！"这类就是恐吓式的语言。可以试试这样说："今天饭饭全都吃完，老师告诉警察叔叔，好好地表扬你，奖励宝宝一颗五角星，好吗？"同样借助警察这一角色，通过正向引导的语言来代替恐吓式的语言，让幼儿受到鼓励，也强化了警察正面的形象。

▲ 图3-19　蹲下身认真倾听幼儿说话

（二）原则二：宽松温馨

进入托班，是大部分幼儿第一次离开熟悉的家庭。他们来到一个陌生的环境，真正地与父母分离，这对于两三岁的幼儿来说，是不小的挑战。

因此，对于2—3岁的儿童来说，营造与家庭氛围相似的宽松、安全、温馨的环境是至关重要的。一个与家庭氛围相似的环境，能够更好地平复幼儿刚进入托育机构时的焦虑情绪，帮助其缩短分离焦虑的时间，使其尽快建立安全感，慢慢地放松下来，喜欢上这个新地方，适应这段新生活。

1. 多陪伴，温和对待幼儿的情绪表达

托班幼儿的情绪不稳定，易受影响，且非常外显。不仅如此，情绪的传染性也很强，常常一个幼儿哭，许多幼儿就接连跟着哭起来。不仅如此，很多时候，面对保教人员的关心、哄劝，他们都无动于衷，甚至推开拒绝。

其实，哭是幼儿在这个年龄段感到不适或者遇到问题时最常见的表现。尤其是初入托育机构时的"万众齐哭"，这是幼儿与依恋对象分离时的健康表现。温柔地安抚、拥抱幼儿，帮助幼

▲ 图3-20　在怀抱中阅读

儿表达情绪,说出幼儿的需求,并陪伴其找到解决的好方法,共同解决问题,才是幼儿需要的支持。

面对幼儿不成熟的情绪表达,保教人员应耐心陪伴,营造宽松的氛围,并给予宣泄情绪的时间与空间,帮助幼儿在事件中积累经验,也积蓄力量。

2. 多欣赏,理解支持幼儿的游戏行为

游戏直接反映了婴幼儿当下的发展水平,也全方位地推动着婴幼儿的发展。

托班幼儿的认知与思维、精细动作、社会性等方面的年龄特点,决定了其游戏的表现特性。在托班的游戏活动中,时常可以看到这样的画面:建构区的地毯上躺着两只小铃鼓,这是因为托班幼儿的注意力易转移,看到积木,受到了吸引,便不由自主地放下了手中的小乐器;抑或,娃娃家的浴盆搬到了教室的正中央,里面堆满了锅碗瓢盆,这是因为托班幼儿正处于空间探索的敏感期,玩具对于他们而言,有时并不仅仅是玩具本身,更是探索空间的物件媒介……

▲ 图3-21　游戏中的师幼互动

从年龄特点出发,观察幼儿的游戏行为,可以发现他们正在遵循自己发展的"大纲",通过探索,满足自身的发展需求。保教人员带着欣赏的目光,允许幼儿自由探索,适当提供支持,能够帮助幼儿丰富经验,积累积极的感受。

3. 多互动,耐心回应幼儿的表达表现

"积极回应"是《托育机构保育指导大纲(试行)》中提出的保育基本原则之一。2—3岁是幼儿语言发展的关键时期,他们基本能够理解成人日常与自己的对话,词汇量迅速增加,会用简单的复合句来表达意愿;另外,他们开始出现"自我"的概念,这也是其社会性发展里程碑式的进步。

小时候,婴幼儿吃饭、饮水、睡觉等基本生理需求,是完全依赖与成人的互动的;随着他们慢慢长大,开始一点点出现独立的倾向,但是他们的发展水平,尤其是语言和社会性发展

水平的提升，与成人提供的互动的质量有很大的关系。因此，保教人员要有意识地创造优质的语言环境：如使用文明规范的语言、态度耐心温和、语速适当放慢。

另外，保教人员与幼儿互动时，要关注幼儿的年龄特点：思维蕴含在行动之中。在婴幼儿的发展过程中，最先启动的是四肢的大动作，他们的认知是借由动作而慢慢建立的，先有一个

▲ 图 3-22　与孩子们击掌互动

笼统的框架，再慢慢清晰，因此他们的思维是存在于动作之中的，需要依托真实的情境，在具体的活动中同步进行。因此，保教人员在幼儿的活动过程中同步发起互动，是最利于幼儿理解的互动时机。

保教人员在一日生活中，需要基于年龄特点寻找适宜的互动时机，并创设优质的语言环境，帮助幼儿建立概念，积累词汇，丰富经验，树立自信。

（三）原则三：家园同步

我们期待通过教育，让幼儿更好地成长。家庭和幼儿园是幼儿生活的主要场所，家长和保教人员是幼儿生活中的重要成人，两者都深深地影响着幼儿的发展。如果家园之间能够形成正向的合力，将使幼儿获得的经验更具一致性、连续性和互补性。

1. 多反馈，合作源于信任

宝宝上托班，家长的心情多是忐忑不安的：我的宝宝在托班吃得好吗？睡得着吗？水喝了吗？我的宝宝哭吗？哭的时候老师会安慰并陪伴他吗？这么多小孩，老师看得过来吗？……家长的焦虑情绪也直接牵动着宝宝的适应水平，如果家长能够较好地处理自身的情绪，信任保教人员，那么宝宝也会更快地感受到托育机构是一个安全的地方，更好地度过适应阶段。每个家长的性格不同，有的家长追着保教人员问，有的家长憋在心里，但是他们都很希望幼儿能够得到保教人员的善待。因此，尤其是刚进入托育机构的阶段，保教人员应做到每日反馈幼儿在托育机构的总体情况，尤其是情绪、生活方面，多用描述的语言，少用评价的语言，让家长感受到保教人员对幼儿的关注。当家长了解了幼儿在托育机构的情况，认可保教人员的专业能力后，信任便在这个过程中慢慢建立了起来。

过了适应阶段，保教人员仍需不时反馈在托育机构观察到的情况，如："宝宝今天入睡时

较兴奋,比平时睡得晚了半小时,晚上要早点睡哦。""今天宝宝一起帮忙整理玩具,他把所有的积木全都整理到筐里,很棒。"多反馈这些婴幼儿的身心状况,或是机构生活的小片段,会让家长更信任保教人员。

2. 多倾听,合作需要沟通

沟通是一门艺术,它是双向的、流动的。保教人员在与家长沟通的过程中,因为需要向家长反馈一些在托育机构观察到的情况,同时出于自身具备的专业知识和对幼儿成长的关切,时常不自觉地成为一个"输出者",站在主导的位置,给予家长指导与建议。这样的"站位",容易让家长产生距离感,无法实现有效的沟通。

其实,每个现象的背后,都有一串相关的现状,保教人员在反馈各种情况时,都可以先与家长产生共情,问一问:宝宝最近的身体情况怎么样? 在家里的表现总体稳定吗? 让家长感受到沟通是基于对宝宝成长的关心。在交流的过程中,也不妨时常按个"暂停键",问一问家长,遇到相似的场景,宝宝在家里的表现。面对宝宝这样或那样的表现时,爸爸妈妈一般如何处理。认真倾听家长的想法、感受与困惑,得到尊重,让家长也更愿意倾听保教人员的建议,让沟通走向更深层。

3. 多协商,合作形成合力

家长面对的是个体,保教人员面对的是群体。有时,保教人员通过观察,捕捉到幼儿在某一块的发展空间很大,或是面对一些问题行为,保教人员很希望能够依据专业知识与教学经验,为家长提供方案,但家长有可能无法在家庭实施,或是家长并不认同保教人员的建议。那么,如何提出一个真正有价值的教养建议呢? 首先,家园之间取得信任;其次,保教人员在倾听的过程中,要着重了解家庭的育儿观、教育方式;最后,基于家长的真实诉求和幼儿的发展需要,再来提出一个容易实施的小方法——即在沟通中形成"协商"的文化,让家长也参与到探寻方法的过程中。

家园形成合力,其中最大的获益者便是幼儿:保教人员与家长携手,可以更深度地走近幼儿;家长与保教人员携手,可以更全面地了解幼儿。同时,家园形成合力,保教人员与家长也在成长:保教人员通过与家长沟通,真正地走近一个家庭,陪伴、助力一个幼儿发展,收获成就感,实现职业理想;家长通过与保教人员的沟通,丰富了解幼儿的视角,优化教养智慧,从而更从容、更有信心地面对幼儿成长路上的种种插曲。

参考答案

课后习题

1. 请阐述环境对于托班幼儿发展的意义。

2. 请分别阐述托班物质环境创设和精神环境创设的原则与要点。

3. 在阅读区，幼儿喜欢席地而坐进行阅读，在选择地垫时，纯色的地垫和卡通的地垫哪个更合适呢？为什么？

4. 本章开头中的小青老师计划重新调整教室的空间布局，你有什么好的建议吗？

第四章 托班(2—3岁)作息时间的安排

 学习目标

☑ 1. 了解托班作息时间安排的原则和整体特点。

☑ 2. 理解托班幼儿三个发展阶段作息时间安排的侧重点与特点。

☑ 3. 了解托班作息时间安排实施的注意要点。

在托育机构,保教人员要为婴幼儿组织不同的活动内容,为了解如何更好地推进幼儿的活动开展,小青老师主动向班级教师了解托班一日生活作息时间安排表,并将它熟记于心。

在正式开始带班的第一天,小青老师本来准备按照作息时间安排表有序推进班级的一日生活,但实际情况和她预想的并不一样:早上8点不到,小青老师刚进入教室没几分钟,就有小朋友早早地来了;生活活动时间里,小青发现,很多宝宝在无所事事地等待,显得有点无聊,教室里也略显吵闹,而小青老师也为了赶紧进入下一个环节,不得不催促还在卫生间的宝宝:"快点!快点!"午睡时间还没到,就有一个宝宝边吃饭,两个眼皮边打架,小青老师看着还没吃完的饭,想了各种办法让这个宝宝振作起来……一天下来,小青老师感到又混乱又累,这个作息时间安排表似乎并没有达到辅助小青组织一日生活的目的,小青老师如何才能有条不紊地推进孩子们的活动呢?

第一节 托班作息时间安排的原则

作息时间安排是指将婴幼儿在托育机构一日生活中的各种活动按照不同时间和顺序加以编排。

2岁左右的婴幼儿正处于秩序发展的敏感期，他们逐步发展起对生活作息时间分配和顺序的适应性，比如白天睡眠的次数减少、生理节律逐渐形成等，这种适应性对婴幼儿适应集体社会生活具有积极的意义。托育机构为托班幼儿建立一个合理、科学的作息时间安排，有助于帮助托班幼儿形成稳定的生活规律，使其在有序的活动推进中健康成长，主动、积极地发展。不仅如此，合理的作息时间安排也可以帮助保教人员有条不紊地组织婴幼儿的生活和游戏，保证托育机构一日生活的质量。

 **拓展阅读**

秩序敏感期

很多两三岁的孩子会有一个很特别的表现，那就是做事情一定要按照固定的步骤，如果步骤之间的顺序发生错乱，他们就会要求纠正、重来，且表现得特别固执。

蒙台梭利认为，这是孩子处于秩序敏感期的正常表现。秩序敏感期是孩子出现的第一个敏感期，有的孩子在婴儿期就有一些表现了。比如说，当熟悉的东西放在熟悉的位置时，婴儿就会显得怡然自得，反之则会焦躁不安，这就是婴儿对环境产生秩序感知的证明。稍大一点的孩子会对理发后拥有新发型的妈妈表现出陌生和不满，这表明孩子的内心已经跟原发型的妈妈建立起某种秩序感，这种秩序感能让其获得心理上的安全和满足，而妈妈发型的改变则打破了这种秩序。

孩子喜欢秩序是因为他们需要一个有规则、有秩序的环境，就像当初在妈妈的子宫里一样，可以十分安心、按部就班、平稳有序地探索环境。有的孩子对秩序甚至有一种近乎顽固的追求，对东西放在哪里、哪件事先发生、谁做这件事等，都会有自己的要求。只要外在秩序发生改变，就会给他带来强烈的不安和焦虑。只要恢复秩序，孩子马上就会安静下来。再大一点，孩子的秩序感也会升级，可能表现为"爱管闲事"，3—4 岁幼儿的秩序感主要体现为对规则的固守，不仅自己要遵守，还会要求别人也要遵守。

关于如何进行托育机构的作息时间安排，保教人员可以从相关的实践指导方案中找到要求和建议，比如《托育机构保育指导大纲（试行）》要求："保育工作应当根据婴幼儿身心发展特点和规律，制订科学的保育方案，合理安排婴幼儿饮食、饮水、如厕、盥洗、睡眠、游戏等一日生活和活动，支持婴幼儿主动探索、操作体验、互动交流和表达表现，丰富婴幼儿的直接经验。"《上海市 0—3 岁婴幼儿教养方案》指出："日常生活中各环节的安排要相对固定，内容与内容间要尽可能整合，同一内容应多次重复，但一项内容的活动时间不宜过长。"这些要求和建议为托育机构作息时间的安排提供了依据。

托班作息时间安排要综合考虑托班幼儿的生长规律和年龄特点、托班活动内容和活动形式、季节特点等因素，进行合理、科学的编排。托班作息时间安排需要遵循以下原则。

一、适宜性

适宜性是指托班作息时间安排要基于婴幼儿的身心发展规律，满足婴幼儿成长发育的需要，各环节活动时间的长短、活动顺序要适宜。如托班幼儿的消化系统还在发展中，消化能力较差，故两餐间隔时间应不少于 3 小时，用餐持续时间以 20—30 分钟为宜，进餐前后 15 分钟内安排安静的活动，避免幼儿在餐前餐后半小时内剧烈运动；适当的午睡有助于保护神经系统、提高抵抗力，托班幼儿每日午睡以 2—2.5 小时为宜；在正常情况下，托班幼儿每日户外活动时间不得少于 2 小时，其中户外运动活动时间不得少于 1 小时，在遇到特殊天气的情况下，可酌情增减等；游戏是婴幼儿的天性，也是婴幼儿学习的方式，每天应为托班幼儿提供不少于 1 小时的连续自主游戏时间等。

二、全面性

全面性是指在一日生活中，作息时间安排无论在活动内容还是在活动组织形式、活动地点上，均要充分保证涵盖了各个方面的内容。

在活动内容上，全面性体现为要根据托班幼儿的年龄特点，适当地安排内容丰富的活动，如生活活动、游戏活动、运动活动、自由活动等，以促进幼儿身心全面发展。

在活动组织形式上，托班幼儿的活动组织形式包括集体活动（包括生活活动、集体游戏等）、小组活动、个别活动和自由活动等，在进行作息安排时，应科学、合理地运用不同的活动形式，减少不必要的集体行动，提高时间的利用率。

在活动地点上，托班活动可在室内和户外开展，户外活动可以满足婴幼儿呼吸新鲜空气的需要，增强婴幼儿对外界气候、季节的适应能力和对疾病的抵抗能力。同时，户外活动也符合婴幼儿活泼、好动、好奇的年龄特点，有助于婴幼儿多种经验的丰富和积累。因此，在不影响托班幼儿身体健康的情况下，每日活动不应拘泥于室内活动，户外活动也不要局限于运动活动，可以开展更多适宜的户外活动，如观察植物、谈话等活动。另外，在遇到特殊天气时，如雾霾、阴雨、烈日等，也可以充分利用室内空间，如走廊、门厅、长廊等，合理组织各类活动，保证各类活动稳定开展。

三、变化性

变化性是指托班作息时间安排要根据托班幼儿不同的发展阶段、不同季节、不同天气或特殊情况（传染病隔离）而有所变化，如夏季昼长夜短，早晚天气凉爽，户外活动的时间可调整至入园后开展，且户外活动时间不宜过长，尽量避免让托班幼儿在阳光下长时间暴晒，造成皮肤伤害或中暑；冬季昼短夜长，早晚温差大，在午睡后、阳光充足的时候也可安排户外活动；另外，冬季午睡时间可稍微提前，避免幼儿因冬困而影响进餐等。

变化性还体现在关注幼儿的个体差异上，在一日生活中，保教人员可以根据幼儿的需要，进行"因人而异"的弹性处理，以满足幼儿在饮食、睡眠、游戏和运动上的需求。

📖 **案例分享**

妍妍的故事

中午 11 点 15 分左右，孩子们在餐厅里吃午餐，我在旁边帮助几个吃得慢的孩子。这时，我突然发现 33 个月大的妍妍，睡眼蒙眬，头不停地往下垂，几乎快要趴到桌子上了。我连忙走过去，用手托住她的脸，问她："妍妍，你困了吗？"她没有回答我，只是轻轻地点点头。于是，我抱起她，把她放到了娃娃家的小床上，她一翻身就睡着了。此时，其他孩子的讲话声也没有吵醒她。一直到 12 点 30 分左右，她醒来了，找老师说肚子饿了。于是，我带着她洗手吃饭，她精神十足，吃得很香，过了半小时，她又接着午睡了。

第二节　托班作息时间安排的特点

这里，首先对托班一日生活中的必要环节进行解释，主要归纳为以下几种活动类型：

一是生活活动，包括入园、如厕、盥洗、饮水、进餐、睡眠、离园等环节，其中入园包括打招呼、情绪调整等内容；进餐包括吃点心、喝牛奶、午餐、餐前提醒和餐后整理等内容；午睡包括穿脱衣物、整理床铺、起床安抚等内容。

二是游戏活动，是幼儿自主、自发地与空间、材料和同伴互动的情境性活动，具体包括自主游戏、小集体游戏等。

三是运动活动，包括在户外或室内进行的身体运动，如走、跑、跳、投掷、攀爬、模仿操等。

四是自由活动，是指完全由幼儿自由控制、自由安排的活动，幼儿可以在活动中充分展示自我，自由交往、自由交谈、自由游戏等。

基于对托班作息时间安排原则的把握，托班作息时间的具体安排呈现出以下特点。

一、注重保育，生活活动安排贯穿始终

3岁以下婴幼儿的早期教养遵循"以养为主，教养融合"的原则，婴幼儿的健康成长离不开保教人员对婴幼儿的悉心照护。因此，在托班作息时间安排中，生活活动是一日生活中占比最大的环节，且贯穿一日生活始终，比如在运动活动的前、中、后都要插入式地开展整理、擦汗、饮水等生活保育内容。

托班幼儿的生活自理能力还处于发展中，生活活动一般由成人辅助完成。在活动开展过程中，保教人员不仅要注重对幼儿生活的照护，还要关注教养融合，培养幼儿各类生活卫生习惯和自理能力。因此，托班的作息时间安排要确保幼儿有必要的、充足的生活活动时间，避免催促，使幼儿在宽松的氛围中愿意接受一些良好的生活卫生习惯的练习，逐步形成初步的、基本的生活自理能力。

二、块面分配，不同活动内容优化整合

3岁以下婴幼儿的个体差异大，表现在婴幼儿的生理规律、兴趣爱好、能力发展情况等方面。因此，在托班作息时间的分配上，应避免一日生活中的各个环节安排过于细化，减少整

齐划一的行动，做块面式的分配，减少保教人员的组织环节，使托班幼儿能尽情游戏、尽兴表达表现等，不被作息时间安排"支配"。

块面式的时间分配需要将生活活动、游戏活动、运动活动、自由活动等活动内容"混合式"安排，保教人员要准确把握幼儿的需求，让不同活动内容优化整合，比如在来园的环节中，由于每个幼儿入园时间有先有后，就可以将入园、早点、游戏活动合并安排在一个大的时间段内，让所有幼儿都能根据个人情况灵活地参与到不同活动中。

三、交替编排，不同活动形式有机结合

3岁以下婴幼儿正处于感知觉发展的敏感期，动作发展也进入了一个快速发展的关键期，他们好动，容易受到周围环境的影响，注意力不够稳定、不持久，喜欢边走边玩。因此，在托班作息时间的安排上，要注意使活动环境保持动态和变化，比如注意户外活动与室内活动的交替，让幼儿时刻保持新鲜感和动态感，尽可能使托班幼儿在动中学、在动中发展。

托班幼儿的神经系统正处在发育过程中，大脑皮层的抑制机能较弱，容易兴奋。所以保教人员在安排一日生活时，要注意促进婴幼儿的神经系统发育，活动形式应动静交替。

托班作息时间的具体安排

受到托班幼儿发展需要的影响,婴幼儿进入托育机构会经历适应阶段、发展阶段和衔接阶段三个阶段,作息时间安排也会根据这三个阶段幼儿的情况、季节的情况灵活调整。

一、适应阶段

托班幼儿大部分是第一次与父母或主要养育者分离,独自进入托育机构参加一日生活,因此需要一个适应的过程来克服入园焦虑,逐步理解和接受集体生活的各项规则,获得与环境的良性互动。在适应阶段,托班幼儿受周围陌生环境的刺激,大部分都会产生焦虑、紧张、恐惧不安的情绪反应,以及入园哭闹、情绪不稳定、不愿意参与托育机构活动、不认真吃饭睡觉等行为表现。

(一)作息时间安排侧重点

在托班作息时间安排上,适应阶段要充分考虑幼儿的适应情况和需要,帮助托班幼儿克服入园焦虑,促进托班幼儿的逐步适应。作息时间安排要凸显灵活性,活动内容以生活活动、游戏活动和室内外自由活动为主,其中如厕、盥洗、进餐等生活环节需要更多的时间和帮助,活动形式以小组活动、个别活动为主,室内外活动可多次切换变化。

表 4-1   托班适应阶段一日生活作息时间安排示例(9月—10月)

时间	活动形式与内容
8:00—9:00	入园 生活活动(整理、早点、盥洗、如厕) 游戏活动(自主游戏) 自由活动
9:00—9:30	户外活动(小组活动或个别活动)

续　表

时间	活动形式与内容
9:30—10:30	生活活动(饮水、如厕、盥洗) 游戏活动(自主游戏) 自由活动
10:30—11:00	户外活动(小组活动或个别活动)
11:00—12:00	午餐(包括午餐前、中、后的保育) 自由活动(午餐前后的室内外活动)
12:00—14:30	午睡(包括午睡前、中、后的保育)
14:30—15:00	午点(包括午点前、中、后的保育) 离园

（二）作息时间安排特点

1. 生活活动顺应调整

在适应阶段，托班幼儿进入新环境，在生活节律和生活需求上都与在家中存在差异，再加上大部分幼儿有不同程度的分离焦虑表现，所以时间的安排是可以根据幼儿的情绪状态进行灵活调整的。比如在入托初期，很多托班幼儿一时无法接受在园午睡，强行安排反而会适得其反，引起他们对托育机构的抗拒，不利于他们的适应。另外，每个幼儿适应的时间是不一样的，一般来说，大部分幼儿需要两周左右的时间，才能逐渐过渡到在园午睡。保教人员可根据每个幼儿的适应情况逐一和家长沟通协调，选择合适的时间，顺其自然地引导幼儿在园午睡。

2. 户外活动分段式安排

托班幼儿正处于生长发育的关键期，每天都需要多呼吸新鲜空气和接受一定时间的阳光照射，但他们的肌肉发育不健全，耐力较弱，且处于适应阶段，无法进行长时间的户外活动。所以托班户外活动在时间上的安排应有别于其他年龄段，在总时长不变的情况下，采用分段式户外活动的方式，即采用多频次、时间短的户外时间安排。这样既能满足幼儿户外活动的总时长，也符合其户外活动的生理特征。

3. 活动形式以小组和个别活动为主

处于适应阶段的托班幼儿,需要逐步适应集体环境中的规则,所以大部分活动的组织需要以小组活动或个别活动的形式为主,方便保教人员根据不同幼儿的情况进行个性化和针对性的引导与帮助,促进幼儿的逐步适应。

二、发展阶段

伴随班级幼儿的逐步适应,托班幼儿对保教人员、班级环境逐渐建立了安全感,可以更从容地参与到托育机构丰富的活动中,感受集体生活的乐趣。托班幼儿已经有了独立自主的意愿,是培养良好生活卫生习惯、自理能力的关键期。另外,托班幼儿好奇、好动,社会性发展还处于"自我中心"阶段,在感觉安全的情况下,喜欢自由、自主地探索周围的事物。

(一)作息时间安排侧重点

在作息时间安排上,发展阶段要保证托班幼儿充分参与到托育机构的各类活动中,给予幼儿和保教人员充足的活动时间,方便保教人员开展有效的教养融合指导,尽量减少不必要的组织环节,提高时间的利用率,生活活动尽量让幼儿按需自主开展。

表4-2　托班发展阶段一日生活作息时间安排示例(11月—次年2月)

时间	活动形式与内容
8:15—9:40	入园 生活活动(整理、早点、盥洗、如厕) 游戏活动(自主游戏)
9:40—10:50	运动活动(包括模仿操、区域运动、运动游戏) 生活活动(运动前、中、后的保育)
10:50—11:45	自由活动(午餐前后的室内外活动) 午餐(包括午餐前、中、后的保育)
11:45—14:15	午睡(包括午睡前、中、后的保育)
14:15—15:00	午点(包括午点前、中、后的保育) 游戏活动(小集体活动) 离园

（二）作息时间安排特点

1. 生活活动时间更紧凑

发展阶段的托班幼儿有了一定的生活自理能力，基本都能独立进行如厕、盥洗等活动，也逐渐形成了较为规律的生理节律，生活活动组织所需时间相应减少了。另外，进入冬季，入园开始的时间推迟到 8:15，同时午睡时间提前 15 分钟，避免幼儿"冬困"。这些微调更有利于托班幼儿的生长发育。

2. 运动活动整合开展

为了保证幼儿能有效地开展运动活动，同时考虑入冬后户外温度日益降低，故变两段式户外活动为一段式户外活动，并安排在上午阳光充足的时间段，让幼儿充分、自由地活动，同时也可以避免冬季场所频繁变换、冷热交替影响幼儿健康的情况。

3. 循序渐进安排小集体活动

托班的活动形式以小组活动和个别活动为主，符合托班幼儿的年龄特点，但并不是完全不开展集体活动。在发展阶段，保教人员可以根据本班幼儿的情况，尝试开展一些内容有趣、氛围宽松的小集体游戏活动，比如阅读、谈话活动等，时长是根据幼儿的注意力情况逐渐增加的，从一开始的 5 分钟、10 分钟到 15 分钟，有效帮助托班幼儿逐步适应小集体活动。

三、衔接阶段

托班幼儿在集体环境中生活和游戏，使他们积累了大量的感知觉经验、锻炼了自理能力、发展了探索兴趣等，各方面的能力发展进入一个快速的时期。他们需要更多的、丰富的活动安排和活动时间，以适应发展的需要。此时，托班幼儿的有意注意时间延长，渴望探索新异事物，可以较长时间地专注于某一项活动，并且有了表达、表现的愿望。

（一）作息时间安排侧重点

衔接阶段在作息时间安排上要保证托班幼儿有更为丰富的活动内容，为托班幼儿各领域的全面发展创造机会和环境。同时，作息时间安排可逐步细化，帮助他们逐步适应有秩序、规律的活动安排，同时可根据托班幼儿的注意发展情况有意识地安排小集体活动，使其体验在集体中倾听和表达，为托幼衔接做准备。

表4-3 托班衔接阶段一日生活作息时间安排示例(3月—6月)

时间	活动形式与内容
8:15—9:15	入园 生活活动(如厕、盥洗、早点、整理) 游戏活动(区域游戏)
9:15—9:40	集体活动(以分组形式为主) 生活活动(如厕、盥洗、饮水)
9:40—10:40	运动活动(早操、区域体锻或多样化户外活动)
10:40—11:30	午餐(包括午餐前、中、后的保育)
11:30—12:00	自由活动(餐后的室内外活动)
12:00—14:15	午睡(包括午睡前、中、后的保育)
14:15—14:50	午点(包括午点前、中、后的保育) 自由活动
14:50—15:20	运动活动(模仿操、运动游戏)
15:20—15:30	生活活动(如厕、盥洗、整理) 离园

(二)作息时间安排特点

1. 适当延长幼儿在托育机构的时间

托班上学期,适当缩短托班幼儿的在托育机构的时间,有助于支持托班幼儿逐步适应。到了衔接阶段,可适当延长托班幼儿的在托育机构的时间,即将幼儿离园时间延长至15:30,让下午的活动时间更充裕,安排更多的活动内容,同时也与幼儿园阶段的作息安排形成过渡。

2. 作息时间分配逐步细化

衔接阶段的作息时间安排仍以块面化的安排为主,但由原来的"大块面"逐渐过渡到"小块面"。到了衔接阶段,保教人员要逐步将一日生活中关注个别幼儿的发展与需求过渡到关注全体幼儿的发展与需求,给予幼儿更多自主的空间,减少不必要的引导和帮助,通过一日有序的作息时间安排，促进幼儿对集体生活节奏的适应。

3. 逐步开展集体活动

经过发展阶段的小集体活动，衔接阶段的托班幼儿的注意力和集体意识逐渐发展，有了学习和探索新事物的愿望。保教人员可以依据班级幼儿的情况组织 10—15 分钟左右的集体活动，如阅读绘本、操节学习、谈话活动等。保教人员要在活动时引导幼儿注意倾听、大胆表达，培养幼儿良好的学习习惯和品质，为今后的生活和学习奠定基础。

第四节 托班作息时间安排实施的注意要点

一、生活活动避免催促，树立正确的生活观

托育机构的生活活动贯穿在一日生活中，且生活活动的开展多为重复性的操作，婴幼儿容易出现跟同伴聊天、玩耍、玩水、拖沓等情况，对如厕、洗手、喝水等活动表现得不上心。此时，保教人员要避免为了正常进入下一个环节的活动而一味催促孩子，而是应该以此为契机，进行托班幼儿良好行为习惯的培养。托育机构要注重"以养为主，教养融合"的原则，生活活动不仅是为了满足婴幼儿的生长发育需要，也是进行生活教育的重要载体。保教人员要树立正确的生活观，重视生活活动，并通过加强生活环节的管理，有效地引导幼儿，促进生活活动的高质量落实。

二、建立必要的常规，做到尊重和要求并存

常规是指婴幼儿在集体环境下需要遵守的统一规定。幼儿有着不同的家庭背景，在卫生习惯和生活能力上存在很大的差异，需要保教人员在一日生活的各个环节给孩子树立正确的示范和观念，顺应孩子发展的需要，逐渐对托班幼儿提出要求。同时，在各个环节中时刻注意幼儿的行为，一旦发现不良行为应立即纠正，如告诉幼儿吃饭时要坐端正，抓人咬人是不对的。在纠正幼儿错误时要多采用鼓励的方式，用自己的行为和语言引导幼儿。托班幼儿年龄较小，理解能力较差，保教人员还可以通过游戏的方式让幼儿知道哪些是好的行为习惯，哪些是不好的习惯，对托班幼儿进行有针对性的游戏教育，如讲一些他们喜欢的故事，做一些他们感兴趣的游戏活动，便于他们理解好与坏，养成良好的行为习惯。

三、积极与家长沟通，做到家园同步

婴幼儿在家庭和托育机构的生活是相互联系、相互影响的，家长和保教人员在婴幼儿早期教养上是重要的合作伙伴，只有做到积极沟通、家园同步，才能促进婴幼儿的健康成长。因此，在作息时间安排的实施上，保教人员要和家长密切沟通，了解幼儿在家中的作息情况，

向家长宣传科学的作息时间安排对婴幼儿发展的重要性，让家长配合托育机构的作息时间安排，促进托班幼儿在家的生活和托育机构的生活形成有机整体，帮助托班幼儿养成良好的生活习惯。

课后习题

1. 托班作息安排的原则有_____、_____、_____。

2. 托班作息时间安排的整体特点有(　　)：

A. 注重保育，生活活动安排贯穿始终

B. 块面分配，不同活动内容优化整合

C. 交替编排，不同活动形式有机结合

参考答案

3. 请简述托班不同阶段作息时间安排的特点。

4. 托班作息时间安排实施的注意要点有哪些？

第五章　托班(2—3岁)活动的组织与实施

 学习目标

- ☑ 1. 了解托班幼儿的年龄特点。
- ☑ 2. 掌握托班幼儿一日生活中不同类型活动的要点和组织策略。
- ☑ 3. 了解不同类型活动实施中的常见问题和个性化应对策略。

　　小青老师很明确地知道自己作为教师,要通过孩子在园一日生活的组织和实施来促进幼儿身心全面的发展。

　　尽管小青老师在学校已对幼儿的身心发展规律进行了系统的学习与了解,但她对于如何开展托班的各类活动仍感到困惑。小青老师依照作息时间安排表,和班级其他两位教师一起,早上热情迎接幼儿来园,陪他们玩游戏,提醒和帮助他们饮水、如厕、洗手、吃饭、午睡,去户外的运动场地上玩耍、做操,一天下来,几乎没停下来休息过,但她很迷茫:自己学习到的专业知识究竟应该运用在哪些方面? 另外,当遇到"孩子游戏中发生冲突""孩子是吃饭困难户""运动时,孩子一直说累,站在一旁不动"等情况时,因为不能很好地应对,她时常感到很沮丧。

　　小青老师的这些迷茫和困扰,是刚带托班的新教师都会感受到的,当对托班不同类型活动的组织与实施有了系统的了解后,他们会变得更加笃定和自信。

第一节 托班生活活动

生活活动是指在托育机构一日生活中，入园、如厕、盥洗、饮水、进餐、睡眠、离园等生活环节的组织及与其相关的渗透性生活教育活动。

一、托班生活活动的要点

关注托班幼儿的身心健康，满足其正常的身体发育需要，是托班生活活动的首要任务。伴随肌肉、大脑神经等方面的不断发育，2岁左右的幼儿已经具备了一定的独立生活技能，比如能用小勺进食、会坐便盆如厕、会穿脱鞋袜等，这些都为幼儿独自进入托班的集体生活打下了良好的基础。开展托班生活活动有以下要点。

（一）帮助幼儿养成良好的生活习惯

生活习惯是指积久养成的自动化的行为方式。良好的生活习惯，比如规律作息、合理饮食、讲卫生等，不仅是幼儿身体健康发育的基本条件，还有助于幼儿更好地适应社会，促进心理发展。2岁左右的孩子正处于秩序敏感期，容易养成良好的生活习惯，但他们缺乏独立性，受周围环境的影响大。因此，需要保教人员不断提醒、不断培养、寓教于乐，帮助他们建立对良好生活习惯的积极情感。

（二）促进幼儿获得基本的自我服务能力

自我服务能力是指幼儿在日常生活中照料自己的能力，包括自己穿脱鞋袜、独立进餐、自己喝水等。培养自我服务能力不仅有助于幼儿独立性的培养，也有助于增强幼儿的自信心。2岁左右的幼儿，自主意识强烈，他们渴望自己的事情自己做，并从中体验到自己是有能力的。保教人员在生活活动实施过程中，可以从日常最基本的自己吃饭、穿衣、如厕、清洁等方面入手，给予支架式的指导，培养他们的自我服务能力。

二、托班生活活动的环境创设

托班的生活环境除了要达到安全、舒适的基本要求外，还需要从幼儿发展出发，促进幼儿在托育机构的高质量生活,使生活环境能满足不同幼儿的发展需求,促进每一个幼儿的个性化发展。

(一)贴心投放生活用具,满足幼儿多样化需求

托班幼儿的身心发展差异大,比如身高体重不同,生活自理能力也有差异。当大家在集体的环境下生活时,整齐划一的环境可能无法满足幼儿的多样化需求。对此,保教人员除了

▲ 图5-1　托班卫生间加长的把手

给予及时的帮助外,还可以在生活用具上进行贴心的安排。生活用具包括幼儿生活活动中的餐具、清洁用具等,比如餐具可以基于孩子的需求配置更适合的,如大口径碗更便于幼儿将饭舀起来,因而更适合刚学会吃饭的幼儿;马桶旁准备一个小脚凳,个子矮的宝宝就不用双脚腾空上厕所了;遇到不愿午睡的孩子,在寝室一角布置一处可安静游戏的区域,温馨的氛围和无声的玩具时常会让孩子放下戒备。

(二)创设互动性环境,养成幼儿良好习惯

良好习惯的培养需要不断强化,在实践中,保教人员可采用多样的强化方式,包括给予奖赏、言语鼓励这类外部强化,比如在生活活动中,保教人员会准备幼儿喜欢的卡通贴纸奖励幼儿。保教人员还可以通过创设可参与、可互动、可操作的环境,促进托班幼儿的替代强化和自我强化,创设的环境可以多种多样,比如在餐厅区域,创设一个插卡片的墙面,喝完牛奶的幼儿,将贴有自己照片的卡片插到奶牛妈妈的身上,帮助幼儿养成喝牛奶的好习惯;托班幼儿自己吃饭容易将饭粒掉到桌上,在餐桌沿上贴些"小圆点"贴纸,吃饭的时候,让幼儿和它碰一碰,将碗放在合适的位置上,养成良好的进餐习惯;当幼儿完成一系列进餐、餐后的整理流程后,亮起属于自己的一盏灯,灯亮起时,幼儿的成就感满满。

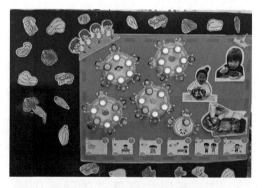

▲ 图5-2　互动性环境:吃得棒棒灯

 **拓展阅读**

班杜拉的社会学习理论

班杜拉认为存在三种形式的强化，第一种是直接外部强化，斯金纳理论分析的即为此类强化：如果一个操作发生后，接着给予一个强化刺激，那么这一操作的强度就会增加。班杜拉与斯金纳的不同之处在于，班杜拉强调带来强化效果的奖赏具有信息和动机两种功能。第二种是替代强化，即个体以他人在相似情境中的行为结果为基础来调控和改变自己的行为，众多操作强化理论无法解释的学习现象都可以用替代强化来解释。替代强化是通过榜样模仿形成的，认知因素在此过程中起着重要的作用：它在很大程度上决定个体观察什么、赋予它们何种意义，以及它们所预示的信息应该如何被组织以备将来利用。第三种是自我强化，即个体以自己创设的结果标准为基础来调控自己的行为。班杜拉认为，个体的行为并不只是迎合他人的喜好，许多行为变化用刺激—反应理论无法解释；且在并不存在外在奖励或惩罚的情况下，个体依然会有行为的保持或改变，这种保持或改变源自个体的自我奖励或惩罚。个体通过规范和观察，给自己设定了行为标准，依据这些内心准则对自己的行为作出评价，进而调节行为。当外部强化与内部准则发生冲突时，个体如何行动取决于外部力量与内部力量的对比结果。"忽视这种隐蔽的自我强化所具有的作用就等同于忽视人类的独特能力。"[①]

（三）让环境会"说话"，助力幼儿自我服务

托班幼儿的精细动作处于初步发展的阶段，缺乏对各类自我服务技巧的准确掌握，因此在自我服务能力的培养过程中，需要为他们提供练习的机会，同时也要注重提供一个可模仿的正确的动作模式。在生活活动中，保教人员可以通过示范、言语提醒的方式培养幼儿的自我服务能力。另外，通过在环境中增加一些小标识，这种无声的提示让环境会"说话"，也有助于自我服务能力的培养。比如托班男生自主小便时还不能准确把握距离，容易尿到外面或身上，在男生小便池内贴上小苗苗贴纸，就能有效帮助幼儿自己小便；托班幼儿饭后要擦嘴，将擦嘴巴的每一个步骤，直观地呈现在宣传板上，如第一步拿起小毛巾擦脸，第二步对折小毛巾擦嘴，第三步再对折小毛巾擦手，并在旁边放置一面小镜子，帮助幼儿检查是否擦干净。

---

① 徐虹.论强化理论的发展——从 S−R 条件作用论到认知交互作用论[J].江苏教育研究,2011,(05):15—17.

▲ 图5-3 自助饮水环境创设

▲ 图5-4 擦嘴环境创设

三、托班生活活动的组织策略

通过对生活活动要点的学习,可以看出托班生活活动的组织不仅要满足幼儿的生活需要,还要注重渗透性地开展生活教育。另外,生活活动的组织呈现出分段式、关联性的特点,比如如厕、盥洗、饮水这些生活内容需要间隔开展多次,午餐活动需要关联开展如厕、盥洗活动等。基于对生活活动的分析,保教人员在组织生活活动时,可以思考以下策略,促进生活活动有序、有效开展。

(一)分组活动,兼顾个别

托班生活活动需要在保教人员的看护下开展。在组织形式上,更适宜采用分组分批的形式,这样既能保证安全,也有助于保教人员及时回应幼儿的需求,同时也能避免因场地原因导致的拥挤、等待等情况。分组也有小技巧,比如午餐环节,可以把吃饭较慢的幼儿安排在第一批次,方便整体活动进度的把控;把生活能力较弱的幼儿和较强的幼儿交叉分组,不仅能起到模范激励作用,也可以减少保教人员的指导压力等。另外,在集体分组开展生活活动的基础上,也要兼顾个别幼儿的情况,按需开展生活活动。

(二)流程固定,指令清晰

生活活动的组织往往每次涉及不止一个活动内容,比如户外活动后进教室,保教人员要组织如厕、盥洗、饮水的活动;午餐前要组织如厕、盥洗的活动;午睡后要组织如厕、盥洗、午点的活动等。保教人员在组织一系列不同的生活活动时,应形成固定的流程,这既是一种良好习惯的培养,也有助于活动的有序推进,同时为幼儿创设了一个有秩序感的环境,可增加幼儿在托育机构的安全感。由于幼儿需要完成系列行为动作,故保教人员在组织活动时,指令要简短、清晰,方便幼儿记住,比如在户外活动后要进入教室前,告诉幼儿"小便""洗手""喝喝水"。

（三）巧编儿歌·随机指导

托班幼儿的生活习惯培养和自我服务能力的获得,都需要保教人员给予练习的机会和不断的指导,因此,在生活活动中,保教人员要注重进行渗透性的随机指导。儿歌朗朗上口,便于幼儿理解、接受和记住,利用念儿歌的方式,对幼儿进行言语指导,让幼儿边听边做、边说边做,不仅能帮助幼儿掌握动作技巧,还能增加幼儿参与生活活动的兴趣。

生活活动中的儿歌大部分是保教人员根据需要自编的,通过对儿歌押韵规律的掌握,再基于幼儿语言发展的特点,保教人员将生活活动中的动作技能、良好习惯要点串联起来编成简短的儿歌,比如喝水的时候,保教人员会念这样的儿歌:"小水杯,手中拿。一口一口慢慢喝,全部喝完不浪费。"另外,基于托班幼儿善想象、爱游戏的年龄特点,保教人员将生活活动与游戏结合编成儿歌,让幼儿边做边玩,比如起床穿衣服的时候,保育人员会念《钻山洞》的儿歌:"一件衣服四个洞,宝宝钻进大洞洞,脑袋钻出中洞洞,小手变成小夹子,衣服袖子拉拉紧,小手伸出小洞洞。"

案例分享

生活活动中的自编儿歌

洗手

小手淋淋湿,一朵小白云,

手心手心搓一搓,手背手背搓一搓,

手指缝里搓一搓,大拇指转一转,

清清水里冲呀冲,泡泡泡泡不见了,

一二三,甩甩干,再用毛巾擦擦干,我的小手真干净。

我会用小勺

变把小手枪,捏住小勺柄。

舀起好吃的,送进小嘴巴。

如厕

小朋友，要知道，及时如厕很重要。

你不推，我不挤，裤子拉好才能走，

便后记得要洗手，做个文明乖宝宝。

我会擦屁股

卫生纸，手中拿，

从前往后轻轻擦。

叠一叠，再擦擦，

干干净净真舒服。

我会叠衣服

伸伸手，左抱抱，右抱抱，

弯弯腰，变一半。

两列火车（穿裤子）

宝宝自己穿裤子，好像火车钻山洞。

呜呜呜，呜呜呜，两列火车出山洞。

穿鞋

小鞋子，像小船，

小脚丫，是船长。

小脚伸进船舱里，

用力拉起鞋后跟。

不大不小真舒服，

我的鞋子跑得快。

刷牙

上刷刷，下刷刷，左刷刷，右刷刷。

里面外面都要刷，水和牙膏别吞下。

我们一起来刷牙，刷得牙齿白花花。

（四）家庭延伸，活动同步

托班幼儿对托育机构生活活动的适应情况，是托班幼儿适应托育机构的第一步，也是家长在幼儿入托后最关心的内容。托班幼儿的生活活动除了发生在托育机构外，在家庭中也会延续。幼儿在家庭中的生活情况会对幼儿适应托育机构的生活产生影响。因此，保教人员要有意识地促进家庭和托育机构在幼儿生活习惯培养与自我服务能力促进上的协同一致，借由各类家园联系渠道，比如线下家长会、家长谈话、线上家园联系平台等，了解托班幼儿在家生活的情况，让托育机构的生活活动在家庭中得以延伸。比如在实践中，保教人员发现，部分家长缺乏在生活中培养幼儿良好习惯和自我服务能力的意识，认为托班幼儿还小，需要成人帮助，这个时候可以对家长开展科学育儿理念方面的宣传教育；还有的家长有培养意识，但缺乏培养的方式、方法，此时可以将托育机构的有效方法告知家长，让家长在家中用正确的方式指导幼儿。

四、托班生活活动实施的常见问题和对策

情境 1 午餐活动中，遇到不愿意吃饭的宝宝，怎么办？

案例情境再现：

托班的午餐时间到了，今天的午餐有青菜、五香猪肝，配白米饭。五香猪肝是幼儿园常见的食物，含有丰富的铁元素，有利于血红蛋白的生成，可预防贫血。

早上来园时，哈哈的情绪有点不稳定，哭闹不止，不愿和妈妈分开。经由妈妈沟通，老师了解到，哈哈今天早上起来就这样，妈妈担心他身体有点不舒服，让老师留心观察。午餐时，平时吃饭不错的哈哈，依旧用哭来表达对妈妈的思念，即便面对自己最喜欢吃的食物，都摇头拒绝进食，嘴里一直念叨："我想妈妈。"

小爱平时吃饭就比较挑食，果然看到猪肝后，小爱闻了闻味道就皱着眉头扭头说：

"我不要吃。"尽管老师耐心劝说,她都始终不愿张嘴尝一口。

文文习惯细软小块的食物,咀嚼吞咽较硬、较大的食物有困难。今天吃饭时,文文一直说:"老师,咬不动,太大了。""我要小一点。""太硬了。"文文望着老师,眼睛里充满了委屈。

保教人员的分析:

哈哈不想吃饭,可能受到情绪的影响,也可能是身体不适的早期表现。托班幼儿的表达能力还比较弱,对情绪产生的原因、身体不舒服的情况无法准确地表达,而且今天哈哈的表现与平时有很大的差别,受到偶发性因素影响的可能性更大。

小爱对猪肝这种食物的口感、味道都不喜欢,从而拒绝进食。由此可见,小爱在吃饭时会因不喜欢而拒绝尝试。

保教人员通过对文文的观察发现,她之所以会有不良的饮食习惯,是由于她喜欢用门牙而不是用磨牙咀嚼,这样大一点硬一点的食物入嘴后,就会因为咀嚼不及时而引发恶心呕吐。同时,文文的龋齿情况很严重,另外即使已经到了托班,在家还一直使用奶瓶喝奶、喝果汁,在家中也多食用切碎的菜泥和肉泥。

问题解决策略:

针对哈哈的情况:托班幼儿年龄小,情绪会直接影响他们的行为。保教人员首先应将重点放在稳定情绪上,可采用转移注意力的方法,如:吃好饭奖励五角星贴纸;宝宝乖乖吃饭,老师拍照给妈妈看;等等。在哈哈情绪稍有稳定的基础上,鼓励其适量进食,如果哈哈表示吃饱了或不愿意吃了,应尊重他的决定,并在家长接哈哈时,和家长沟通清楚孩子的情况。

针对小爱的情况:托班幼儿对各类食物的适应能力较强,对食物的喜好受情感的影响大,当幼儿对食物建立了积极的情感时,就比较愿意尝试。所以保教人员可根据食物的颜色、味道、外形等特征,给猪肝取一个幼儿喜欢的名字,如"巧克力肉肉",来转移小爱的注意力。好听的名字可能会引起小爱强烈的好奇心,并激发起尝一口的欲望,若此时保教人员给予了及时的鼓励,但不强迫小爱一定要吃完,减少小爱的心理压力,同时与家长沟通小爱的表现,鼓励家长在家也循序渐进地添加猪肝,小爱可能会就此接受这一食物。

针对文文的情况:文文的不良饮食习惯,是由不良的生活习惯、不良的辅食添加方法导致的,需要家庭和托育机构携手,循序渐进地进行纠正,让文文逐步改进。首先,保教人员应与家长及时沟通目前文文在进食上的困难,让家长意识到文文的不良饮食习惯对其身心发展造成的消极影响。同时，和家长协商，了解家长的困难，并制定具体可行的改善方案。比如，停止奶瓶的使用；带文文去医院看牙齿；在饮食制作上，向家长介绍幼儿园食谱，让家长了解菜的品种、科学的烹饪方式，鼓励家长在某些食材的制作加工方式方面，尽量和幼儿园衔接一致，如将果汁改为水果切片食用，肉泥改为肉丁。其次，在进餐时，保教人员和家长要多关注多鼓励，当文文愿意尝试品尝较硬、较大的食物时，应给予表扬与鼓励。

情境 2　午睡活动中，遇到不会穿衣服的宝宝，怎么办？

案例情境再现：

午睡起床时间到了，孩子们在老师的照料下陆陆续续起床。

浩浩是一个 8 月份出生的小月龄男孩，他又如往常一样拿着裤子，望着老师轻声地说："老师，我不会。"

腾腾是班级中的大月龄宝宝，但每次起床时，他总是磨磨蹭蹭到最后。今天老师又用语言提醒腾腾："腾腾，快把裤子穿上吧！香香的点心在等你哦。"但 2 分钟过去了，腾腾还是没动。老师看见后，一边快速地走近他一边轻声说道："腾腾，赶快穿上裤子，否则要着凉的。"腾腾举起裤子笑着对老师说："老师，你帮我穿。"老师鼓励腾腾说："你会穿的呀，你是个能干的宝宝。"腾腾理直气壮地对老师说："不要，我要你帮我穿，在家也是爷爷帮我穿的。"

保教人员的分析：

浩浩因为年龄小，动作发展不够成熟，各方面的自理能力都表现得较弱。保教人员观察后与家长沟通，发现浩浩是由于早产，动作发展比较慢，9 月进入托班时才刚刚学会蹒跚走路，摇摇晃晃，有时还会摔倒；吃饭需要家长喂，喝水喝奶用奶瓶；家长对他的照护可以说无微不至且全面周到。浩浩的家长也表示浩浩对于枯燥的技能动作练习，会表现出不感兴趣、不愿学等现象，所以在自我服务能力方面一直没有进步。

保教人员在园观察腾腾自我服务能力方面的表现时发现，腾腾很愿意帮助保教人员整理玩具；能够在饭后把小脸擦干净；能够在保教人员的指导下洗手、漱口。这些都说明腾腾已经具备了自己穿衣服的能力，但是每次起床时他都要保教人员帮忙，可能是由腾腾的"依赖"心理导致的。由于爸爸妈妈工作十分繁忙，爷爷奶奶承担了教育和照护腾腾的任务，爷爷奶奶十分宠他，对于生活中的事情几乎全部包办，久而久之，使腾腾养成了依赖他人的习惯。

问题解决策略:

针对浩浩的情况: 面对由于年龄小、能力弱而导致的生活自理有困难的幼儿,保教人员应该从细致观察入手,循序渐进地引导幼儿锻炼各方面的能力;在锻炼过程中,要注意以趣味性的活动引起幼儿的兴趣,激发幼儿在轻松愉悦的氛围中掌握生活小技能。因此,对于浩浩来说,保教人员应在轻松的氛围中为浩浩创造练习的机会,比如利用自由活动时间,和他一起边念生活儿歌边练习动作;同时,在家园互动平台上发布"生活小能手"系列小视频及家长指导策略。保教人员还可鼓励浩浩家长在家园互动平台上发布浩浩在家生活小技能展示的视频,激发他自己努力尝试的欲望,进而在有趣好玩的活动过程中掌握正确的生活小技能。

针对腾腾的情况: 保教人员通过与家长的沟通,了解了腾腾在家的情况,认为腾腾是有能力的,他也知道自己能做些力所能及的事,并渴望被尊重。因此,保教人员首先在班级里组织了"生活小能手"比赛,并鼓励腾腾在集体面前示范"穿衣""脱衣"等生活小技能,让他充满自豪感。同时,指导家长鼓励腾腾在家也自己照顾自己,拍成视频,在班级群中分享,让腾腾更自信。

情境 3 宝宝尿裤子了,怎么办?

案例情境再现:

早上,孩子们陆续来园,开心地参与各项游戏,老师也融入其中,与孩子互动,捕捉游戏中精彩的瞬间。

突然,老师发现地上有一摊水,淡淡的黄色,应该是某个孩子尿裤子了。经排查后发现,这是波波喝牛奶时坐的位子,他的裤子也湿湿的,但他还在若无其事地玩游戏。当老师轻声问他:"是不是尿裤子了?"他微微点了点头。波波是班级里的小月龄男孩,这种情况不是第一次发生了,他常常在不声不响的情况下尿在身上,如情绪不好哭闹时、午睡时、游戏玩耍时,都发生过类似情况。

班级里的小优,也出现了频繁尿裤子的情况,但与波波不同,小优是个聪明又活泼的女孩,运动能力强,无论在户外运动还是室内游戏中,她总是主角。但小优尿裤子的情况,随时都可能发生。比如,小优原本在娃娃家里玩得热火朝天,突然一动不动地对老师说:"老师,我尿裤子了。"只见此时娃娃家的地上已经有了一摊水。户外运动后,小优跑到老师面前说:"我不小心尿湿了。"集体活动中小优突然冒出一句:"我来不及了,尿在身上了。"话音未落,就看见小优已经在尿了。

保教人员的分析：

波波年龄小，频繁尿裤子可能与生理机能还在发展中有关。保教人员和波波的家长沟通后，了解到波波在入托前才刚刚能在白天不穿纸尿裤，但夜晚家长害怕他尿床，还是会穿着纸尿裤睡觉。同时，波波也还没有养成向成人表达排便需求的习惯。基于波波的情况，在顺应波波生理节律的基础上，保教人员决定帮助波波逐渐养成表达需求、自主小便的好习惯。

小优有排尿意识，但常常沉浸在自己喜欢的游戏活动中而忘记去厕所小便，甚至因为喜欢玩而不愿离开游戏活动场景，导致一次次尿在身上。保教人员进一步与小优的家长沟通以寻找原因，小优的家长表示在家里也发生过类似的情况，而且家长回忆说，小优第一次尿在裤子上，是因为和小区的小朋友玩得太开心了，于是憋着小便不愿回家，最终尿裤子了。家长当时有点生气，就对小优说了句："下次再这样，就不带你出来玩了。"托班幼儿喜欢游戏，常常因玩得开心而舍不得中断的心理是很正常的，家长的责怪对小优造成了不良的心理压力，导致小优形成了不良的习惯。

问题解决策略：

针对波波的情况：保教人员首先要尊重幼儿的个体差异，通过观察波波一日如厕的时间点，做好记录，寻找规律，比如：两次小便的间隔时间为多久？喝水喝奶后多久需要如厕？想如厕时的习惯性动作或语言是什么？午睡过程中是否需要叫醒一次并提醒如厕？午睡醒后是否需要马上如厕？找到规律后，保教人员可以尝试在每个时间节点提醒幼儿如厕，并通过观察尿量的多少，调整如厕的时间节点（提前或延后）。同时，保教人员应指导家长继续有序推进波波戒纸尿裤的过程，可以陪波波阅读如厕习惯培养的相关绘本，比如《小动物嗯嗯啦》，给波波找一个模仿的小榜样，等等，帮助波波养成表达需求、自主小便的好习惯。

针对小优的情况：保教人员要充分理解小优的心理状态，逐步改变小优觉得如厕会影响自己参与游戏的想法。比如保教人员可以参与到游戏中，并中途离开表示有事情，让大家等等自己，通过示范的方式让小优明白中途离开并不会影响回来后继续玩游戏。同时，在游戏前，可以有意识地询问小优是否需要如厕。当小优因为贪玩而尿裤子的现象逐渐减少时，保教人员要给予肯定与表扬，让她的内心得到满足，激励她之后继续保持。

第二节　托班运动活动

托班运动活动是有目的、有计划、有组织地发展幼儿基本动作技能、提高幼儿身体素质、增强幼儿体质的活动。

一、托班运动活动的要点

运动活动不仅有助于托班幼儿身体的发育,帮助幼儿发展强健的体质和协调的动作,还能让幼儿在运动中获得愉快的情绪,是促进幼儿身心健康的重要内容。2岁左右的幼儿,已经具备了一些初步的动作技能,比如能双手抱球往前扔、追跑、自己扶栏杆双脚并步下楼梯等,且他们的动作正逐步向自主性动作发展,比如灵活地躲避障碍跑、进行有目标的投掷等。基于托班幼儿的年龄特点,托班运动活动需注重以下要点。

(一)激发幼儿的运动兴趣

托班幼儿的活动并不是为了获得某种具体的技能,更多的是满足自身的需要:幼儿参与活动充满了个人意义与情感色彩,往往是基于个人的兴趣来参与活动的。因此,保教人员在运动活动中,应注重激发幼儿的运动兴趣,托班幼儿的运动活动不能以动作练习的形式展开,而要以游戏的形式展开,以自由、自发、自主的运动模式为主,让幼儿在轻松愉悦的氛围中自在运动。

(二)促进基本动作的发展

成熟是儿童发展需要具备的条件之一。成熟指机体的成长,特别是神经系统和内分泌系统的成熟。动作的发展是个体神经系统发育的一个重要标志,是个体生存和发展的基本能力。根据动作熟练度发展序列模型,托班时期是基本动作发展的迅速期,其中基本动作包括走、跑、跳、投掷、钻爬、攀登、平衡等。保教人员应通过开展较小运动负荷的运动活动,为幼儿的基本动作发展提供机会。

拓展阅读

动作熟练度发展序列模型

动作发展专家泽费尔德提出了"动作熟练度发展序列模型"，他将人类的动作技能发展划分为四个主要时期：反射动作时期（0—2岁）、基本动作时期（3—7岁）、过渡动作时期（8—10岁）、专项运动时期（11岁及以上）。下面主要介绍了前两个时期，即学前儿童的动作发展。

反射动作时期（0—2岁）是指幼儿在动作发展过程中，出现一些具有倾向性或预先适应性的动作行为。这些行为是与生俱来的，是预先适应的，而不是预先决定的，若没有一定的外界环境刺激，这些动作行为将不会出现。这个阶段的动作技能大致分为姿势控制、移动控制和操作控制三类，其中每个条目下出现的技能都被称为动作里程碑，每个动作里程碑在幼儿动作发展中都是标志性的事件。

基本动作时期（3—7岁）是随着幼儿年龄的增长，出现的更高级的、由大脑皮层控制的自主性动作，受外界的影响较大，是动作发展的外在机制。它分为有关个体全身大肌肉活动的粗大动作和主要涉及手部小肌肉活动的精细动作。粗大动作发展的内容主要为：位移技能，如跑、跳、爬；控制技能，如扭转、弯腰等；操作技能，如投掷、接、踢、挥击等。精细动作指的是那些主要由身体小肌肉或小肌肉群控制的动作，是在知觉、注意等多方面心理活动的配合下完成特定任务的能力。

二、托班运动活动的类型

根据开展场地、组织形式的不同，托班运动活动可以分为以下三类：日常区域体锻活动、多样化户外活动、室内运动活动。

（一）日常区域体锻活动

日常区域体锻活动是幼儿日常开展的区域化的运动活动。保教人员依据园所运动场地的特点，将运动空间划分为不同的区域，并设计丰富多样的区域运动活动内容，让幼儿在其中自由地开展运动活动，或在保教人员的组织下开展运动游戏、律动操。托班的律动操一般是在有节奏感的儿歌音乐背景下开展徒手操或基本体操，帮助幼儿形成正确的体态，培养健康的生活习惯。

（二）多样化户外活动

多样化户外活动以户外运动为主,融合各类探索、游戏等适合在户外开展的综合性活动,给托班幼儿提供自然、丰富、整合的生活和游戏空间,实现户外各类活动的优化整合。多样化户外活动一般定期、混班开展,幼儿在活动中自主选择感兴趣的项目开展自由活动。

▲ 图5-5　多样化户外活动　　　　　　　　▲ 图5-6　室内运动活动场地

（三）室内运动活动

室内运动活动是基于室内场地与运动材料,在教学楼内或专用运动室中开展的运动活动,多为不需太多辅助器械的体育游戏。室内运动活动是户外运动的一种补充,着眼于幼儿的发展,借以弥补因户外天气不好或户外场地条件的局限造成的户外活动不便。

三、托班运动活动的创设原则

运动活动创设包括对运动内容的设计以及对运动环境的创设。基于托班运动活动的要点,保教人员在运动活动创设时,要考虑以下原则。

（一）活动内容全面综合

幼儿的身体素质主要包括力量、耐力、速度、柔韧性、灵敏性等五个方面,托班幼儿可通过基本动作练习,如对爬、走、跑、骑、拣、推、拉、击打、投掷等动作的练习,逐步提高身体素质,促进身体的生长发育。

因此,在活动创设时要注重全面性,考虑幼儿各种动作技能的全面发展,保证幼儿各方面能力得到均衡锻炼。比如投拍的活动有助于锻炼手臂力量、跑跳活动有助于锻炼下肢力量、爬的活动有助于锻炼身体协调性等。

另外，针对年龄越小的幼儿，运动活动的开展越要注重综合性，一个活动要充分调动幼儿多个动作或能力的协调发展，比如爬、走、跑可以结合在一起开展勇敢者道路的活动，切忌开展针对某项动作技能的训练，这样容易让幼儿感觉枯燥，不利于幼儿运动兴趣的培养。

（二）活动设计因地制宜

场地是运动活动开展的必要物质条件，是基础也是前提。运动场地包括室内场地和户外场地，其中室内场地一般包括专用运动室和临时用作运动活动的教室，户外场地除了户外的运动场地外，还包括屋顶花园等。因此，保教人员在活动设计要因地制宜，科学合理巧妙地开展活动设计。

首先，要巧妙发挥场地特点，比如在室内运动中，狭长的走廊可以提供投掷、跳跃的空间；可以利用楼梯锻炼双脚交替上下楼梯的能力，发展身体协调性；在户外运动中，草地适合开展走、跑等活动，塑胶场地适合骑车，或用网栏围起一块区域，让幼儿在其中自由选择各种球类游戏，包括抛球、踢球、滚球、投球、击球等，这样既满足了幼儿玩球的兴趣，又能有效地将球控制在一定范围内。

▲ 图5-7 多样化户外游戏：运小球

▲ 图5-8 利用桌椅开展运动活动

其次，对场地已有物品的创新利用。在活动设计时，要注重提高空间的利用率，特别是在场地有限的情况下，充分使用各种已有资源，创造性地开发利用，让普通的物品在幼儿运动活动中发挥重大作用。比如在开展室内运动时，可以巧妙利用桌椅，桌椅是幼儿活动室中必不可少的物品，可以通过多种摆放方式开展形式多样的钻爬活动；户外运动活动中，可以利用户外的小丛林，将幼儿喜欢的玩具藏在草丛、树林里，开展"寻宝"活动，凹凸不平的丛林小道让活动充满了挑战性与野趣，能很好地锻炼幼儿的走、蹲等动作技能以及身体的平衡性和灵活性。

（三）活动环境注重情境

幼儿活动受到环境的影响大，因此，在运动活动中要注重创设情境化的环境。这样不仅能激发幼儿对活动的兴趣，还能增加托班幼儿对游戏指令与规则的理解，有助于幼儿运动中的自由、自发与自主。

▲ 图5-9　拍蝴蝶游戏

情境化的环境包括两类。一类是物质环境的情境化，比如在多样化户外活动中，通过创设小花园的游戏情境，在树上拉起一张大网，高低错落地悬挂自制的彩色"大蝴蝶"。幼儿拿着网拍，通过网拍上黏贴的雌雄搭扣，可以轻松黏住低处的"大蝴蝶"，而悬挂在高处的"大蝴蝶"则需要幼儿尝试跳起来才能拍到。幼儿在拍蝴蝶的游戏情境中发展了双脚跳跃的能力，同时也感受到了运动活动的乐趣。

第二类是借由师幼互动创设的情境化环境。托班幼儿喜欢玩角色想象游戏，基于托班幼儿好动及喜欢模仿的行为特点，在活动创设时，可利用幼儿熟悉的动作形象、故事情节进行创设，激发幼儿的自主参与，使其身体运动能力的发展得到更自然的练习。比如模仿小动物走路的不同特征，如小乌龟爬着走、小兔子跳着走、小花猫踮脚走等，让幼儿在草地上开展爬、跳、走的活动。

（四）活动材料开放多样

运动材料的投放可以很好地辅助幼儿开展运动活动。一般运动材料分为运动器械、自制运动玩具以及低结构材料三类。在婴幼儿的运动活动中，保教人员需要善于利用不同结构的活动材料，引领幼儿在循序渐进的运动参与中增强运动兴趣，提升运动能力。

运动器械按其大小可分为固定性运动器械、中小型可移动运动器械以及手持小型体育运动器械。其中，托班幼儿常用的固定性运动器械主要有滑滑梯、海洋球池等；常用的中小型可移动运动器械主要有垫子、三轮车、滑板车等；常用的手持小型体育运动器械主要有球类（皮球、塑料球等）、塑料圈、小沙包等。

自制运动玩具指保教人员根据教育需要和幼儿发展需求，对各种自然资源和材料进行收集、分类、加工、改造、组合，重新进行玩具教育因素设计后形成的玩具。因其实用、有趣、灵活的特性，可以更好地满足运动活动多样化的需求。比如将多个纸箱折成大小宽窄不同的三棱柱，幼儿可利用其开展走迷宫、投掷、开小车、开飞机等运动活动，多变的玩法给了幼儿很大的自主空间。

▲ 图5-10 幼儿玩自制教玩具"纸板变变变"

低结构材料指结构简单、获取方便、可塑性强、玩法多样的游戏材料，如：鞋盒、报纸、布袋、瓶罐等。低结构材料一般来源于生活，为幼儿所熟悉，在活动中可灵活使用，能很快引起托班幼儿的兴趣。比如将纸盒变跨栏跳一跳、拉着鞋盒走一走、手脚放进几个鞋盒里爬一爬等。低结构材料的运用，可以让幼儿随时随地开展运动游戏。

四、托班运动活动的组织策略

托班运动活动的组织注重幼儿在集体活动中的自发、自由和自主，旨在让幼儿体验运动活动的好玩有趣。保教人员要权衡好保护安全与支持自主、适度帮助与鼓励挑战的关系，同时要根据托班幼儿的生理特点，注意控制幼儿的运动量和运动强度。保教人员在组织运动活动时，可以思考以下策略。

（一）三位一体，保证幼儿运动安全

托班幼儿动作的灵活性、协调性都还在发展过程中，安全问题不容忽视。一个托班一般配有三名保教人员，要做到三位一体，全面保障幼儿的安全。

在组织运动前，首先要确保运动环境的安全，做好检查工作。一是检查场地以及运动器械，比如运动器械是否存在安全隐患、是否存在积水、可移动器械的空间摆放是否合理等；二是检查幼儿着装及当天身体状况是否适合运动，比如更换不适宜运动的鞋子、衣服，取下存在安全隐患的饰品（发夹、围巾、项链等），做好不适宜运动幼儿的活动安排。

在运动活动中，保教人员要明确职责，合理分配站位，分析活动要点，关注每个幼儿。比如在涉及幼儿运动技巧时，需要专业指导和保护，一个保教人员在某位置定点定位；另一个保教人员在一定的运动区域内走动，以观察该区域中幼儿的运动表现，如及时排除安全隐患、掌握幼儿遵守运动规则的情况、适时介入幼儿对运动材料的使用等，同时顺应时机，在发

生突发状况时能够及时补位;还有一个保教人员在整个活动区域中巡视,完成婴幼儿的运动保育工作。

(二)准确定位,做好活动的观察者、指导者、帮助者

在运动活动中,保教人员要成为活动的观察者、指导者和帮助者,使幼儿充分发挥运动活动中的主体性。

首先,成为活动的观察者。托班幼儿的个体差异较大,活动中的观察能帮助保教人员更好地了解幼儿,从而更好地促进幼儿的发展。在运动活动中,保教人员要注重观察幼儿在活动中的行为表现,包括运动兴趣、基本动作的发展情况等,比如通过观察幼儿的面部表情、活动参与度、活动时长、活动中的创造性等,了解幼儿对活动内容的兴趣;通过观察幼儿完成系列动作的努力程度、困难程度、成功率,判断幼儿在某一动作技能上达到的水平等。同时,对于在集体环境下开展的活动,保教人员还要关注幼儿对安全规则的了解情况,保证运动活动有效、有序开展。

其次,成为活动的指导者。当保教人员发现幼儿的运动兴趣不高、基本动作模式存在问题、不了解安全规则的时候,要进行个别或集体的介入指导。保教人员在介入幼儿的自由活动中时,要选择合适的方式,一般不要直接打断所有幼儿的活动,而应用游戏的口吻进行互动,自然地介入,激发幼儿更多的游戏兴趣,使幼儿更好地理解正确的动作技巧并遵守活动规则。

指导的方法也是丰富多元的,比如当幼儿不满足于单一的活动内容时,保教人员可以增加适合的、有趣的游戏环节,使幼儿保持对游戏的兴趣;当发现幼儿因为没有把握动作技巧而无法体验成功时,可以参与到幼儿的游戏中,给幼儿做示范,也可以引导幼儿观察模仿身边的幼儿;当发现幼儿忘记安全规则时,通过游戏的口吻进行温馨、及时的提醒:"小火车开错方向了,会撞车的呀,快快换一个方向。"

最后,成为活动的帮助者。保教人员在活动中要关注个别幼儿遇到的困难,并给予适宜的帮助。比如遇到在运动中胆怯的幼儿,他们一般性格比较谨慎,在运动中遇到有挑战性的活动内容,就会没有安全感,在完成过程中存在困难,比如从高处跳下来、滑下来等。这个时候,保教人员要准确分析幼儿的需要,给予适宜的帮助,适当降低对幼儿的要求、用肢体语言给予安全保障等,比如准许幼儿抓住自己的手从高处跳下,等幼儿适应后,再慢慢地撤离。在幼儿克服恐惧、成功完成挑战时,保教人员要给予及时的关爱与肯定,帮助幼儿在运动中

培养坚强勇敢的意志品质。

（三）教养融合，注重运动活动中的保育

托班运动活动的目的是促进幼儿身体素质的提高，因此要注重运动的科学性，而不是动得越多就越好。在运动中，保教人员要注重教养融合，在运动过程中开展必要的护理。

保教人员要注重判断幼儿的运动强度和密度，通过观察幼儿的出汗情况、面部红润情况等，提醒幼儿适当休息。另外，在夏季，天气较炎热，要预防中暑，帮助或提醒幼儿及时擦汗、休息，并在运动期间鼓励幼儿适量补充水分；运动后，及时更换湿衣服，尽量保证幼儿衣物整洁、舒爽。冬季，天气较寒冷，要做好运动前的预热活动，避免幼儿在运动中发生身体损伤，同时要根据幼儿的活动情况帮助或提醒幼儿及时增减衣物，预防着凉。

根据幼儿的不同体质，注意观察幼儿，应根据幼儿当天的健康状况，进行运动量的适度调整。如感冒患病的幼儿应减少其活动量。再如对于班级中的特殊儿童（肥胖、体弱等）进行差异化的运动护理：对于肥胖、超重儿童，可相应增加其运动量；对营养不良、体弱儿童则应安排适当的休息等。

五、托班运动活动实施的常见问题和对策

情境 1　运动活动中，幼儿只喜欢某一类游戏，身体锻炼不均衡怎么办？

案例情境再现：

托班户外自主运动时间到了，老师带领幼儿来到户外场地，基础热身活动结束后，老师对不同的运动区域（滑滑梯、勇敢者道路、拍蝴蝶、软棒顶球等）进行了简单的介绍，幼儿便自主选择并有序开始活动。

活动开始一段时间后，老师发现当当一直待在软棒顶球的区域，从未更换过游戏场地。于是，老师来到当当的身边，询问道："当当，你怎么不去别的场地做游戏呢？"当当回答道："我最喜欢小球，我就想在这里玩顶小球的游戏。"再看看地上都是被软棒顶出来的小球，老师便有了一个想法，对当当说道："当当，你看你成功地把小球顶出来了，但是现在这么多小球都回不了家了，你想不想试一试把小球送回家呀？"当当听了老师的话，连忙点头。接着，老师找来一个小筐和纸箱做的房子，引导当当将小球都送回家了。

另一边的多多一直在拍蝴蝶的运动场地游戏，好朋友西西玩了一会儿后拉着多多说："我们去玩勇敢者道路吧！"多多摇了摇头说："勇敢者道路的小山太高了，我不想玩。"

保教人员的分析：

对于只喜欢球类游戏的当当，保教人员从与家长的交谈中了解到，家中大部分玩具都是球类，并且当当的爸爸也比较喜欢球类运动，平时会带着当当一起玩。因此，当当的喜好会更偏向球类游戏。

对于多多来说，家长反映多多经常与姥姥、姥爷一起生活，祖辈以安全第一为原则，平时很少带多多参与户外活动，因此多多对周围事物缺乏信任感和探索欲。

托班幼儿的运动兴趣受到已有经验的影响大，已有经验既包含行为层面的，也包括心理层面的。另外，托班幼儿处于具体行动思维阶段，幼儿对周围事物的探索欲望与其平时接触到的环境的丰富程度有很大的关联，越丰富的环境越能激发幼儿的探索行为，帮助其积累更多的相关经验。同时，托班幼儿的兴趣也受到周围人际环境的影响，如果周围的人一直给幼儿灌输很多活动不好玩、不要尝试的想法，会导致幼儿对活动失去兴趣。当当和多多就属于上述两种情况。

问题解决策略：

针对当当的情况： 在户外游戏创设中，保教人员可以球为材料，多设置一些玩法、多增加一些材料、多创设不同的情境，使他得到多方面的锻炼与发展。例如运小球，当当可以利用小推车等工具将顶出来的小球运送到小房子里等。另外，通过家园合作，逐步建议家长在维持当当原有兴趣的基础上，适当丰富其在日常活动中的游戏类型，从而激发当当探索新事物的欲望，促进其全面发展。

针对多多的情况： 进一步和家长通过多种方式沟通，建议家长改变原来的抚养方式，给孩子足够的关注、自由，在保证安全的前提下，允许多多以自己独特的方式去探索环境，保教人员在此过程中多与家长沟通多多在园的变化。在托育机构，户外自主运动游戏的本意是幼儿自主自愿的活动，怎样选择完全取决于幼儿本身。因此，保教人员要给予多多自由游戏的权利，尊重她的意愿，使她在心理和情感方面都不受外来权威的管束和压制，让她感受运动游戏的快乐。相信通过一段时间的体验，多多的游戏动机可以从原来的"不想玩"转变为"我都要试一试"。

情境 2 运动活动中，幼儿遇到困难就放弃，动作得不到发展怎么办？

案例情境再现：

户外运动时间到了，老师将幼儿带到运动场地上，预先创设了喂小动物食物（即将沙包投掷进小动物的嘴巴里）和迷彩攀爬架等活动，幼儿热身后便开始运动。

只见童童跑到提前准备好的沙包前，抓起一把沙包，想将沙包扔进小动物的嘴巴里，用力投出后，沙包却全部掉落在自己脚下。然而他并没有放弃，再一次把散落在脚下的沙包又一只一只攒在手上，但尝试几次后，结果仍然没有改变，沙包最后还是落在自己的脚下。这下，童童有点生气地说道："我再也不想玩这个沙包游戏了！"接着，跑到其他地方去玩了。

一旁的迷彩攀爬架区域也非常热闹，有的小朋友以钻洞的方式在攀爬架下方快速前进着；有些则是身手矫健，在攀爬架的上方匍匐前进，乐此不疲。而欢欢成功解锁了钻洞技能后，也想尝试着爬到攀爬架的上方，但是欢欢有些怕高，只能向老师求助。老师见状便协助欢欢爬到了攀爬架上方，这时几个小朋友从欢欢身旁快速前进着，老师也鼓励欢欢向前爬，但是欢欢不敢继续尝试，大声哭了起来："我不敢往前爬，我想要下去。"

保教人员的分析：

童童在几次投掷都没有成功的情况下，选择放弃，这符合托班幼儿的年龄特点，他们的行为在受到一定的强化后，才会持续进行。但是，童童其实并没有马上就放弃，说明童童在运动中有一定的意志，希望通过不断的尝试达到自己预期的目标。保教人员发现童童的多次失败与童童没有掌握投掷的技巧有关：童童在多次投掷中距离网太近，所以总是投不进去。

通过对欢欢活动的观察，保教人员发现欢欢遇到困难时，也都会选择回避。欢欢各方面的经验积累明显比同龄小朋友要少，但从今天欢欢的表现可以看出，在同伴的影响下，她有探索的愿望，但是对自己是否能成功表现出不自信，所以遇到困难就表现出了退缩行为，这与童童的相关经验较少有关。

户外自主运动既能促进幼儿的动作发展和身体素质提高，更能使幼儿获得大量的刺激，从而促使大脑机能的完善，为坚强意志品质的形成奠定基础。快乐需要有困难来衬托，同时幼儿也需要有良好的意志品质来探索各类运动项目。保教人员在幼儿运动活动中起着主导的作用，其观察和指导对于幼儿运动能力的提高、已有经验的提升、心理品质的增强起着关键的作用。

问题解决策略：

针对童童的情况：保教人员可以采用游戏的口吻，创设游戏情节，让童童重新对投掷活动产生兴趣："童童，你走了，小动物会饿肚子，它很难过，我们再尝试一下吧。"在童童再次尝试前,保教人员通过示范,让童童发现并不是离得越近就越好,同时不断鼓励幼儿,投喂失败再挑战一下,一定可以喂饱小动物。童童成功后,仍要鼓励其重复练习,并通过拥抱孩子、竖大拇指等肢体动作,或肯定的语言及时给予表扬,以激发幼儿的自我效能感,使其收获运动带来的愉悦感。

针对欢欢的情况:有效支持,以情促意。保教人员应该体谅欢欢此时的心理,进行个别化的指导和鼓励,用激励和幽默的语言(例如:欢欢别担心,我在旁边保护你)来给她以支持,必要的时候还应该给予肢体上的帮助,鼓励其坚持不放弃。当欢欢成功后,保教人员可以让身边的小伙伴一起为欢欢鼓掌,让她体会成功的喜悦,增强自信。

托班区域游戏活动

托班区域游戏活动是指保教人员根据幼儿的年龄特点、兴趣和发展需要，在活动室内创设多种区域活动空间，投放适宜的材料，让幼儿按照自己的意愿进行的活动，托班区域游戏活动具有游戏性和学习性的双重性质。

游戏的内涵

游戏最根本的价值就在于其是幼儿内心的呼唤、情绪情感释放的需求，受幼儿主观动机的驱动。幼儿游戏不是为了达成一个预设的目标，也不是为了完成一个预期明确的任务，而是为了追求游戏中的自主，体验满足与快乐，释放情感。

游戏应该是幼儿意愿的表达，是幼儿在做自己想要做的事；游戏也是幼儿自我的表现，让他们能做自己力所能及的事；游戏还是内在潜力的外化，是幼儿对自己本质力量的欣赏。因此，对幼儿来说，游戏是他们自己的游戏。

幼儿的学习以直接经验为基础，也就是在感知中、在操作中、在情境中学习。游戏是一种学习，但并不是让幼儿去解决问题、完成任务与获得技能，而是表达情感、发展兴趣与释放体验，游戏中那些得到表达的、积极的、满足的、富有精神体验的学习，才是真正的有质量的学习。

幼儿并不是在真空中去游戏的，他们总是处在一定的环境中，从其中获取一些信息，接受一些刺激，形成对于外部客观环境的认知、理解，这就是客观经验。客观经验是由外向内的传递与接受，主观经验是由内向外的释放与表达，这两类经验在游戏里是平行、并存且同步的，构成了幼儿在游戏中的实质经验。

一、托班区域游戏活动的要点

游戏是幼儿的天性，同时也是幼儿自主发展的基本形式。2岁左右的幼儿已经具有初步的自我意识，知道自己是有能力的个体。他们具有强烈的好奇心，并具有自主探索和学习交往的能力，比如喜欢说"不"，以显示自己的独立性；认识周围熟悉的物品名称；会假装给娃娃喂饭；主动要求看书；能与同龄伙伴交流互动；等等。基于托班幼儿教育注重启蒙性、自主性的要求，托班区域游戏活动有以下要点。

（一）促进托班幼儿的适应

进入集体托育机构，是幼儿步入社会的开端。托班幼儿在陌生的情境下，容易产生不安全感和压力感。另外，托班幼儿处于自我中心阶段，还不能理解成人或周围环境对他们的要求，在进入集体生活后，如何与周围的同伴相处，也是幼儿需要面临的问题。游戏对于幼儿情感的满足和稳定具有重要的价值，是幼儿克服情绪紧张的一种手段，幼儿在游戏过程中的体验有助于发展幼儿压力应对、情绪调节等方面的能力。在游戏的情境中，幼儿会将平时观察到的社会行为在游戏中实践，比如模仿妈妈做饭给别人吃、模仿服务员卖东西、模仿消防员灭火等；并在游戏中积累社会行为规范和人际交往之间的规则，比如在做食物前问他人想吃什么、卖东西要收钱等。幼儿在游戏中逐渐了解"我的"和"你的"之间的区别，不断发展适应社会生活的能力。因此，保教人员在区域游戏活动的实施中，要注重让幼儿在活动中得到游戏般的体验。

（二）支持托班幼儿自主探索

托班幼儿具有好奇探索的认知天性，皮亚杰的认知发展阶段理论指出，托班幼儿的思维处于直觉行动阶段，他们依靠感知到的信息对周围环境作出反应，在动作中进行思考，这里的动作就是可见的幼儿探索行为。托班幼儿在不断思考中，身心的发展得以发生，比如幼儿会通过倾倒、填满的操作，来积累有关空间的经验；通过观察、比较，来积累有关大小的经验；等等。另外，托班幼儿的探索行为是不分领域的，是整合的，即通过亲身体验、动手操作，积累认知经验、发展语言、锻炼动作、收获良好的习惯和学习品质等。因此，在区域游戏活动的实施中，保教人员要注重为幼儿提供早期学习和发展的机会，让幼儿在自主探索中提高综合素养。

二、托班区域游戏活动的内容

托班区域游戏活动强调幼儿在活动中的自发、自由和自主，因此活动的内容受托班幼儿的年龄特点、兴趣爱好和已有经验的影响较大。而且托班幼儿的区域游戏行为呈现出综合性的特点，即幼儿会在一个区域同时进行各类游戏，如幼儿在投放了很多建构材料的区域，搭建一张床，假装躺在上面睡觉。托班幼儿的游戏有以下几类常见内容，保教人员在每一个区域进行创设时，要综合性地架构游戏内容。

（一）装扮类

装扮类游戏的内容表现为幼儿利用活动区的材料，通过模仿和想象，再现生活片段。装扮类游戏是幼儿阶段最典型的游戏行为，受到幼儿已有生活经验和游戏水平的影响较大。其主题多为在形象玩具的启发下进行典型动作模仿，比如模仿居家生活中"炒菜""喂宝宝吃饭""购物"等行为。另外，行为受到周围环境的影响大，没有完整的游戏情节，想到

▲ 图5-11　托班幼儿在娃娃家煮饭

什么就玩什么，比如幼儿在喂玩具娃娃喝奶，看见其他幼儿在炒菜，就会扔掉娃娃去炒菜。

（二）搭建类

搭建类的游戏内容是幼儿通过各种材料进行自由造型、拼搭的过程。搭建是一类操作性很强的游戏内容，幼儿用来搭建的材料、玩具以低结构的材料为主，意在满足幼儿自主、自由操作、探索的需要。托班幼儿的搭建内容没有目的性，往往是完成了搭建过程后，再进行随机的想象。建构行为最为突出的特征是垒高、平铺，比如用简单的形状积木进行垒高，建成高楼；将材料连接起来，想象成一列火车。随着搭建经验的日益丰富，托班幼儿会逐渐趋向搭建造型简单的物体，如长方形的床、三角形屋顶的房子等，而且表现出搭建内容的逐渐丰富性，并在其中开展想象游戏。

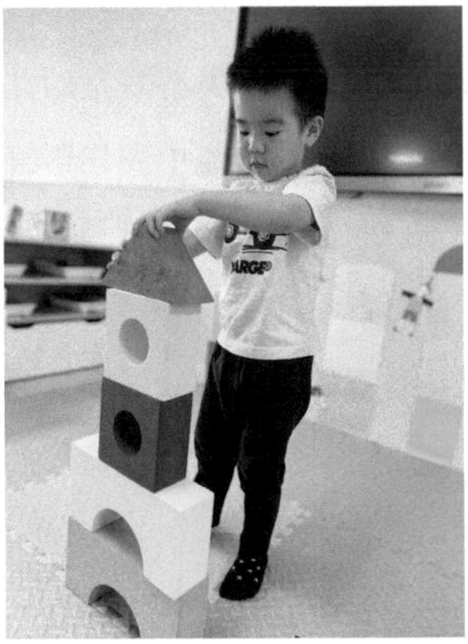

▲ 图5-12　托班幼儿在垒高

（三）艺术表现类

艺术表现类游戏是以肢体唱跳、手部涂鸦为主要活动内容，托班幼儿通过表演、涂鸦等艺术表现形式表达自己，获得情感上的满足。托班幼儿对感官的信息输入有浓厚的兴趣，比

如鲜明的节奏、音响、律动，以及鲜艳的色彩等，音乐表现和艺术创作游戏能满足幼儿在这些方面的兴趣爱好。在游戏中，他们会跟着音乐哼唱简短的旋律，伴随音乐来敲击或摇晃能发出声音的物品，并出现初步的艺术创作行为，会用笔、颜料等在纸上涂鸦，喜欢用彩泥等各种材料或工具进行美工活动。

▲ 图 5-13　托班幼儿在涂鸦

▲ 图 5-14　幼儿边玩边讲绘本《连在一起》

（四）语言类

托班是幼儿语言快速发展的时期，幼儿在此阶段词汇量明显增多。语言类游戏是幼儿在语言发展过程中自发地练习语音、语词的一种现象。除了在日常生活的交流中积累语言的相关经验外，绘本阅读也是幼儿语言表达经验的来源。对于托班幼儿来说，阅读就是一种游戏，他们可以在自然轻松的环境中，舒适地躺着、靠着、坐着，自由自在地跟着绘本自发地表达。托班幼儿的开口表达常伴随动作行为，比如边说"啊呜，啊呜，真好吃"，边双手假装喂自己吃东西。保教人员可以围绕绘本故事，创设包含绘本画面的立体式场景，投放可操作的阅读材料，让幼儿通过角色扮演的方式，边玩边说。

📖 案例分享

"星空妙妙屋"诞生记

一、盒子变房子——从平面到立体

为了吸引孩子们来建构区游戏，区域里提供了很多孩子们喜欢的泡沫大积木、各类罐子、小汽车，墙面上还张贴了高楼建筑、著名景点的照片。可是精心的布置却没有等来孩子们的光顾，许久都没有一个孩子来玩，显然他们对此毫无兴趣，更不会参照这些内容搭建。

偶然间，老师看到孩子们对墙角边存放的空饼干盒非常感兴趣，一边横竖着摆放，一边告诉老师："这是房子。"孩子们的这句话让老师有了豁然开朗的感觉，盒子有大有小、有宽有窄，房子不也是有高有低、错落有致的吗？

于是，班里进行了一次"盒子收集"行动，孩子们纷纷把喜欢的、漂亮的、有趣的各类盒子都带到班里来。有了这些材料，孩子们动起手来，各种盒子经由组合，变成了小房子。

分析：老师本想依托丰富的墙面布置来提示幼儿的搭建，却疏忽了托班幼儿的年龄特点和他们的需要。这个年龄段幼儿的游戏行为和意愿完全依赖他们的生活经验，而老师此前的布置超出了他们的经验。当老师发现幼儿对闲置的空盒子感兴趣时，立刻进行了调整，抓住他们的兴趣点，所以很快看到了老师本来就希望看到的效果——出现有形的建筑。这样的游戏是幼儿喜欢的，符合他们的认知特点，所以也能不断推进。可见，游戏时老师不能主观地以自己的想法为出发点，而要多站在幼儿的视角去发现问题、思考问题，这对幼儿游戏行为的发展和推进非常重要。

二、房子的内装及组合——从立体到穿越

由于盒子有开合的功能，孩子们特别喜欢把建构区里一些辅助的小东西塞进去、藏起来。一会儿把它们藏在这里，一会儿藏在那里，乐此不疲。

如何让"藏"变得更有趣？原来已经搭建好的小房子还能再继续玩吗？带着这样的想法，孩子们一起启动了内部选材装修工程。说是工程，其实就是在不同的盒子上打洞，有的洞打在上面，有的洞打在下面，有的洞打在左边，有的洞打在右边，随之小东西便会从不同的方向漏出。当然，还可以根据盒子的不同样式，让盒子有不同的开法。经过这样的改造，孩子们机灵地将这些盒子组合成东方明珠、摩天轮等。

分析：喜欢把东西藏起来，把东西塞在小洞洞里，接住盒子里掉出来的东西，都是托班幼儿最典型的特点。为了继续开发利用幼儿先前比较感兴趣的盒子，玩出盒子的各种花样，老师继续满足幼儿的需求，挖掘材料的本身特点，由此引发了托班幼儿将盒子组合成东方明珠和摩天轮等行为。这本是老师没有预设的环节,但幼儿的行为特点给予了老师提示。可见,游戏设计与材料提供最大的支持者是幼儿,作为老师,要善于跟着幼儿"走"。

三、房子扩建及开发——从穿越到多维

孩子们玩了一段时间后,对其中的"机关"摸索得差不多了,便进入了"破坏"阶段:"摩天轮的盖子呢?""房顶怎么又抠下来啦?""盒子又破啦,好吧,老师来补。"

是就此结束这一主题的活动,还是继续调整?老师在面临这一问题时,认为孩子们是出于好奇而对作品进行了"破坏",恰恰说明他们仍有兴趣继续探索下去。于是,老师和孩子们一起进行了房屋改建:给高楼装上电梯,一边上一边下;闪闪的小毛球就是彩灯,可以点亮东方明珠;让小球在房子里滚,观察其出口。

分析:当幼儿不满足于现有游戏材料时,老师观察到幼儿对当前活动仍存有兴趣,所以又进一步积极开发和调整,出现了很多新玩法,如在小房子内部增加了进口和出口,使滚下来的小球从不同的出口掉落。这样的改造让游戏充满了神秘感,对于幼儿来说充满了未知感,他们会饶有兴趣地继续摆弄和探索。

老师始终遵循幼儿的年龄特点和需要,所以可以保持幼儿强烈的好奇心和兴趣,让他们对学习具有热情。调整后的游戏,为幼儿提供了观察因果关系和事物之间联系的机会,鼓励了他们的探索行为。

四、星空妙妙屋的诞生——从多维到创造

随着游戏的不断深入,孩子们的视野也开阔了很多:"老师,我看过晚上的东方明珠,会亮灯的,很漂亮的!""老师,夜晚的东方明珠,很美!"为了更加直观地呈现孩子们喜爱的绚烂缤纷的夜景,老师有了"星空妙妙屋"的创意。

老师选用了环保的荧光磁性粉、黑色织布、黑色 KT 板、PVC 管、泡沫软管、荧光贴纸、各色荧光颜料。用这些材料将星空妙妙屋建成后,孩子们能自由地出入其中。在"黑夜"里,用手中的强磁棒,吸引天上的繁星,画出自己想象中的星空;打开手电筒,照一照,找一找,天上的星星、月亮、宇宙飞船在哪里;照一照周围的高楼大厦,比较一下夜晚的建筑和白天有什么不同。

为了增加孩子的兴趣,星空妙妙屋旁边还增添了一些附加游戏。

滑道小车：提供多样的材料、不同的接触面（粗糙、光滑），让孩子们驾着小车在不同的平面上体会速度的不同。魔力磁轨则有可能让汽车停在高的地方不掉下来。

外卖咖啡车：孩子们可以根据杯子的尺寸大小、杯身高矮将它们按序排队，一边看"星星"，一边喝"咖啡"。

▲ 图 5-15 星空妙妙屋

分析：在星空妙妙屋中，许多可玩的"点"形成了一个神奇的"环"，可满足不同幼儿的兴趣和水平。幼儿想玩哪里就玩哪里，可根据自己的生活经验及兴趣做选择。由此可见，环境能给予幼儿多种经验和尝试的机会。

从这个案例中，能看到优化的环境充分满足了不同幼儿的兴趣和需求。在这样的环境里，幼儿很轻松、很自由、很自主。

"盒子——房子——星空妙妙屋"，是一个循序渐进、由浅入深、越来越有意思的过程。在这一过程中，幼儿是老师的导师。初始阶段，老师没有预设星空妙妙屋，也没有想象其模样。因为追随了幼儿的脚步，因为想让材料变得更好玩，因为要给好奇的幼儿创设更多的挑战，才有了后续游戏的递进。老师和幼儿在这个过程中共同收获了成长。

三、托班区域游戏活动的材料投放

游戏材料是幼儿游戏所用的玩具和物品的总称。材料是游戏得以进行的物质基础，幼儿在对游戏材料的利用、操作、摆弄中完成游戏过程，获得情感上的满足，积累多种经验，并实现身心发展。

（一）游戏材料的种类

游戏材料可分为专门化材料和非专门化材料。专门化材料的功能较固定，非专门化材料的用法不确定。专门化材料以引发幼儿各类游戏行为为主要目的，激发幼儿的已有经验，让幼儿能够"玩起来";非专门化材料以支持更丰富的游戏过程为主,让幼儿自己创造出多样的玩法。

基于对托班幼儿游戏常见内容的梳理,区域游戏活动中的专门化材料包括以下几类。

（1）装扮类:娃娃、动物玩偶、各类仿真道具(小厨房、餐具、玩具家电、仿真食品等)。

（2）搭建类:各类积木(木制积木、齿轮积木、磁性积木、拼插式积木、螺旋积木等)。

（3）艺术表现类:表演服饰(头饰、服装等)、乐器(响板、沙球、铃鼓、自制乐器等)、音乐欣赏材料(歌曲等)、绘画工具(各类画笔、纸、颜料等)、手工材料(固体胶、造型泥等)、拓印工具(模具、印章等)。

（4）语言类:幼儿绘本(立体绘本、有声绘本、布艺绘本、手偶绘本)、一般阅读材料、试听玩具和设备(点读笔、小型播放机等)、自制阅读材料(无纺布书、可操作材料等)。

▲ 图5-16 自制阅读材料

▲ 图5-17 区域游戏中的自然物

区域游戏活动中的非专门化材料主要包括生活化材料和自然物。其中,生活化材料是指纸箱、镜子、丝巾、毛线、奶粉罐等;自然物指水、石头、树叶、沙子、松果等。

（二）游戏材料的投放策略

游戏材料的投放需要遵循一定的策略和技巧,保教人员在进行游戏材料的投放时,要基于幼儿的年龄和心理发展特点以及托班幼儿的经验水平等,充分考虑游戏材料的种类和数量、呈现方式、组合等。

1. 材料的种类和数量

托班幼儿尚处于自我中心阶段,以独自游戏为主,并向平行游戏发展。因此,游戏材料的投放数量要满足全班幼儿游戏的需要。另外,由于托班幼儿的游戏内容受到幼儿已有经验水平的影响大，故在材料种类上，应呈现由少到多的趋势。

当托班幼儿刚从家庭进入托育机构时，需要一个适应的过程，这个时候游戏发挥着重要的促进适应的作用。托班幼儿的游戏是从探究和熟悉材料开始的，幼儿熟悉某种材料需要一个过程，熟悉之后才会有创造性的表现和使用。所以在这个时期，材料的种类不必太多，应为幼儿提供重复操作探索的机会，如在娃娃家提供多套装扮玩具等。

随着幼儿对环境的日益熟悉，相关经验日益丰富，保教人员也对幼儿各方面的经验水平有了一定的了解，此时可以逐步丰富材料的种类，主要体现在两个方面：一方面是丰富某一区域的材料种类，比如在娃娃家厨房增加各式带盖的杯子、小筐等，激发幼儿将更多的生活经验运用在游戏中；另外一方面是丰富更多的区域内容，让幼儿可以进行艺术表现类游戏、语言类游戏等，促进幼儿各方面的发展。

2. 材料的呈现方式

托班幼儿处于直觉行动思维阶段，思维具有直观性和行动性，因此，材料的呈现也有一定的技巧。首先，材料的摆放方式需一目了然，这更易于幼儿根据自己的需要选取，每个游戏区域都应配备托盘或透明的材料筐，既方便幼儿随手取放，又不遮挡视线。或者如图5-18所示的"餐具乐器架"，幼儿看到即可操作。其次，材料可以按一种属性（颜色、大小）分类摆放，并做好相应的图片标记，幼儿的整理收纳习惯在有序的环境中会受到潜移默化的影响。最后，材料的呈现要具有情境性，充分利用墙面、桌面、地面空间创设环境，让幼儿有"身临其境"之感，吸引幼儿主动参与。如创设仿真的大森林场景和"洞洞树"，树上用各种大小的卷

▲ 图5-18 悬挂的"餐具乐器架"

筒纸芯组成"树冠"，其中塞入颜色大小不同的绒球。进入这个区域后，幼儿仿佛真的进入了"森林"中，看到有"果子"在树上，会自然引发"种果子"和"摘果子"的游戏行为。

3. 材料的组合

托班幼儿的游戏具有综合性的特点，材料的组合投放有助于幼儿在一个区域中拓展更多的游戏行为，同时对游戏材料进行更深入、更持久的探索。按照材料的种类，材料的组合体现为专门化材料和非专门化材料在一个区域环境中的组合，如在表演游戏中增添丝巾、饮

料瓶、饼干盒等生活化材料。幼儿能把一两种材料，变换着拼凑成好几种玩具，如幼儿将小棒和饼干盒组合，变成"打击乐器"；把丝巾盖在头上玩"躲猫猫"游戏，或塞入饮料瓶中变魔术；等等。不同的材料在不同的幼儿手中进行灵活组合、运用，促进幼儿获得综合性的领域经验。

四、托班区域游戏活动的观察与介入

游戏中的观察与介入是保教人员教学的体现。托班区域游戏活动比较注重幼儿在游戏中的自主性发展，但这并不是说保教人员创设好游戏环境后，就放手不管了。保教人员需要在活动中观察和分析幼儿的游戏行为，发现游戏中所蕴含的经验提升的契机，并开展必要的游戏介入。

（一）托班区域游戏活动观察的目的

观察是一种有目的、有计划且较为持久的行为，有了清晰的观察意向，才能在活动中看到观察对象，记录下幼儿有意义的行为表现。托班区域游戏是幼儿自由、自发、自主的活动，他们往往会在游戏中通过行动、手势和表情自然地表达、流露自己的意图、感受与想法。因此，托班区域游戏活动观察的真正目的，一是了解幼儿的个性特点，在情境中倾听和关注幼儿，因人施教；二是观察、支持幼儿的游戏行为，读懂幼儿的思维细节，为保教人员进行教育决策判断提供依据。

（二）托班区域游戏活动观察的内容

基于区域游戏的观察目的，保教人员可以从三个方面进行观察，包括幼儿在游戏中的情绪体验、幼儿在游戏中的行为表现、幼儿在游戏中展现的闪光点。

托班区域游戏注重让幼儿得到游戏的体验，保教人员可以通过幼儿在游戏中的外部情绪表现，了解幼儿是否对游戏感兴趣、能否投入到游戏当中，进而判断幼儿是否产生愉快的游戏体验。比如幼儿在游戏中能自由选择、摆弄操作游戏材料等都是积极的情感体验。

幼儿在游戏中的行为表现反映了幼儿各方面能力的发展水平和个性特点，可以帮助保教人员去评估区域游戏环境的教育意义，分析游戏设置是否符合幼儿所在年龄阶段的发展状况、游戏组织是否吸引幼儿等。比如通过对幼儿行为表现的观察，保教人员会发现幼儿也许正在游戏中学习与同伴相处、解决冲突；或是在游戏中学习使用工具，探索如何将水从水

壶中倒出，以及装有各类豆子的瓶子是如何发出声音的等。

若幼儿在游戏中展现的闪光点是保教人员之前没有发现的、不同于幼儿日常表现并且能反映幼儿在某一方面的进步与良好品质的行为或事件，即是幼儿自主性发展的最好展示。

（三）托班区域游戏活动观察的方法

在进行观察的时候，保教人员需要借助一定的方法进行信息的收集和记录。在区域游戏活动中，最常用的观察方法有扫描法、定点法和追踪法。[①] 扫描法即时段定人法，对班里的全体幼儿平均分配时间，在相等的时段里对每个幼儿轮流进行扫描观察，该方法适合用来了解全体幼儿的游戏情况；定点法即定点不定人，对出现在某一游戏区域里的幼儿进行观察；追踪法即定人不定点，聚焦某一幼儿进行持续性的观察。

使用适宜的观察方法能够帮助保教人员有效地收集信息。如在托班幼儿进入托育机构初期，想要获得全班幼儿在游戏中的表现情况，保教人员可以采用扫描法。到了衔接阶段及发展阶段，可以多以幼儿视角去选取观察方法，明确幼儿行为特点所表现的心理意图。托班幼儿注意力较短，游戏常常是看到哪玩到哪，走到哪玩到哪，可以采用追踪法，这样可以更进一步了解幼儿的动态轨迹，分析幼儿的个性特征与游戏程度。

（四）托班区域游戏活动的介入

托班区域游戏活动的介入是保教人员选择适宜的时机与幼儿进行师幼互动的过程。需要特别注意的是，保教人员不应刻意地打断正在进行游戏的幼儿，而应该更自然地顺应幼儿的需求，加入到幼儿的游戏活动中。因此在介入时，保教人员不再是坐在幼儿面前，而是坐在幼儿身边，以游戏者的身份加入幼儿的游戏活动中，成为幼儿游戏中的玩伴。区域游戏活动的介入方法分别为平行介入法、角色扮演法和发展情节插入法。

平行介入法是指当幼儿对游戏材料或者游戏环境尚不熟悉时，保教人员可以在旁观察幼儿的一举一动，或在幼儿旁边玩相似的或相同的游戏材料，给幼儿提供可模仿的行为。例如，保教人员在教室游戏区域中投放了一个新的游戏装置，上面挂着一些彩色的皱纹纸，但幼儿不知道怎么操作这个游戏材料，走过来随意摆弄之后就失去了兴趣，转身离开。这时，保教人员默默地来到桌子旁边，拿起滴管开始往皱纹纸上滴水滴，皱纹纸打湿以后滴下来的水突然之间变成了五颜六色的，下起了"彩虹雨"，"彩虹雨"滴落在白纸上，白纸摇身一变成

---

① 邱学青，江苏省省级机关一幼游戏课题研究小组.幼儿园游戏的观察与指导[J].早期教育(教师版)，2000(09):33—35.

▲ 图 5-19　保教人员和幼儿一起玩开火车的游戏

为了一幅美丽的画卷。这下，刚才还无人问津的游戏区域瞬间挤满了小脑袋，大家都展现出了对"彩虹雨"游戏的兴趣，纷纷想要尝试玩一玩。

角色扮演法是指由保教人员扮演幼儿游戏角色中的一员，可以是乘客、医生、娃娃家客人等角色，参加到幼儿已有的游戏情境中，并通过角色的身份来进行互动交流，在适当的时候可以实施保教人员预设的区域游戏活动。例如，在幼儿自发开展小集体游戏"开火车"时，保教人员可以扮演乘客与幼儿一起乘车，和幼儿说一说自己想乘火车去哪里。在恰当的引导下，幼儿对于火车到站上车、下车的游戏行为有了更深入的了解，生活经验和认知水平得到了丰富和提高，在发展语言的同时也体会到了与保教人员、同伴一起游戏的快乐。

发展情节插入法是指保教人员观察到幼儿进行的游戏情节与预设的游戏活动内容相关时，可以顺势在幼儿的游戏过程中进行介入，从而在游戏中去有目的、有意识地培养和促进幼儿语言、认知、社会性交往等方面能力的发展与提高。比如当幼儿在娃娃家中扮演小医生给娃娃喂药时，保教人员可以扮演病人，以游戏者的身份参与到幼儿的游戏中，并就"打预防针"这一话题与幼儿一起讨论打针吃药的经历等。

（五）托班区域游戏活动观察与介入的注意事项

1. 观察以随机、连续观察为主

托班区域游戏的观察虽然也具有评价幼儿的功能，但由于托班幼儿的教育注重启蒙性和支持幼儿自主性发展，因此观察更主要的目的是发现幼儿、了解幼儿。因此，保教人员在观察时，应以随机观察为主，及时捕捉幼儿从语言、动作、表情中所发出的信息，并通过连续的观察明确这些信息所反映出的幼儿的行为动机、即时需要、意愿、困难和情绪体验，将它们作为指导游戏的依据，以便把握干预的时机，有针对性地做出适宜的应答行为，满足幼儿游戏的需要，推进其活动。

2. 介入可以重复、平行进行

托班幼儿的个体发展差异大，托班区域游戏活动的介入通常不是全班幼儿一起的，而是

发生在一部分幼儿群体中的。因此，相同的介入内容有可能多次重复出现，不同的介入内容也可以由不同的保教人员同时在不同的游戏区域开展，从而保证全体幼儿在适宜的时机得到支持和指导。

五、区域游戏活动实施的常见问题和对策

情境 1　游戏时，幼儿对游戏材料的兴趣持续性不高，怎么办？

案例情境再现：

在"小猫钓鱼"的游戏区域里，每一条小鱼上都装有一枚回形针，可以吸在钓鱼绳的磁铁上，被钓上来的鱼还可以用木夹子夹在渔网上晒鱼干。今天是菲菲第一次来到这个区域，她看到昀昀正在钓鱼池旁边钓鱼，也忍不住拿起几条鱼在手中玩了起来，只见她一会儿拿起蓝色的小鱼翻来覆去地看，一会儿又拿着粉色的小鱼放在手中摆弄。菲菲站在那足足看了几分钟，老师见状，走过来说："菲菲，我们一起来钓鱼吧。"菲菲很高兴地说："好!"接着，她便在老师的引导下和昀昀一起拿起钓鱼竿钓鱼。菲菲很细心地用手臂控制钓鱼绳的位置，很快小鱼就装了满满一篮子。她看到一旁的昀昀把小鱼夹在渔网上，于是也一只手拿起一条红色小鱼，另外一只手很努力地捏住木夹子，想要打开它，但是木夹子却始终"不听使唤"。菲菲有点不耐烦了，她把小鱼放下来，用两只手同时捏住木夹子尽力将其打开，但试了几次都没有成功。老师看到后，上前进行了动作示范，尝试引导菲菲用大拇指和食指配合捏住木夹子末端将其打开，她努力了几次，但还是没有成功。菲菲不愿意玩了，扔下小鱼走开了。

乐乐是前段时间来玩钓鱼的常客，每次他都能和小伙伴一起钓很多的鱼，可以说是班级里的钓鱼高手。今天他又来参加游戏了。只见乐乐拿起钓鱼竿，很熟练地在钓鱼池里寻找可以"上钩"的小鱼，可玩到一半，篮子还没有被装满，鱼也没有被夹在渔网上，乐乐就玩不下去了，把钓鱼竿一扔，转身去玩别的游戏了。

保教人员的分析：

"小猫钓鱼"有可供多人玩的游戏氛围、有趣的游戏情境以及丰富的想象空间，是托班较为经典且非常受幼儿欢迎的一项游戏活动。托班幼儿通过控制手中的钓鱼竿钓小鱼，再打开木夹子来晒鱼干。这样的游戏情节不仅能提升他们的手眼协调能力，也能促进其精细动作的发展。

菲菲最后不想继续玩游戏,其原因是在用木夹子夹小鱼的过程中遇到了困难——她不能通过用手指捏住木夹子末端来打开它,即使模仿保教人员示范的动作也没有成功。菲菲是个很执着的孩子,她碰到困难会自己想办法解决,在发现一只手不行后,她开始尝试用两只手一起用力,但菲菲相对较弱的精细动作能力,导致了她在游戏时自信心受挫,因此不愿再玩钓鱼游戏了。

乐乐已经玩了一段时间的钓鱼游戏,并且每次都能圆满完成,这一次是他玩了那么长时间后第一次中途放弃,应该是多次重复玩同一个游戏内容,已不能满足幼儿动作发展的需要和心理需求了,所以乐乐玩了一会儿就走开了。

问题解决策略:

对于整个游戏来说,首先,应经常微调、更新游戏材料和内容,让幼儿有兴趣继续玩下去。同时应注意游戏材料的开放程度越高,越能生成多种玩法。如案例中的游戏,对于托班幼儿来说,其相关经验来源于《小猫钓鱼》的故事情境,因此可以围绕故事情境和幼儿讨论,扩展幼儿的游戏内容并增加游戏的趣味性。

其次,托班幼儿需要在游戏中通过获得成功增加自信心,如遇到困难不能解决,他们就会陷入不知所措的状态中,从而中断游戏过程。当然,这对于托班幼儿来说很正常,保教人员要给幼儿一个自我成长的空间和时间,尊重幼儿的游戏意愿,用足够的耐心和宽容的心态"静待花开"。

最后,由于托班幼儿年龄小且个体差异大,很容易受周围环境的影响,保教人员需细心观察其游戏行为并解读他们背后的行为成因,探寻托班幼儿更多的发展可能性。通过游戏中的动作示范、语言鼓励、生生互动等指导策略,搭建自主成长的支架,充分实现游戏材料的教育价值,激发幼儿自我成长的内在动力。

针对菲菲的情况:一方面,菲菲有较强的游戏意愿,专注力较高,遇到困难能够自己先想办法解决。对此,保教人员可以鼓励菲菲再次参与到游戏中来,同时,在材料后续的调整上,可以提供一些较松的木夹子,增加菲菲操作的成功率。有了贴近幼儿最近发展区的游戏材料,更易让菲菲获得游戏后的成就感,产生继续游戏的动力。另一方面,引导菲菲尝试教室里更多有助于精细动作发展的游戏,如:玩用镊子夹毛毛虫的游戏、进行一些撕纸的美工游戏、玩穿插类的建构游戏等。保教人员也应和家长沟通,让家长在家多给菲菲自己动手尝试的机会,减少包办代替的情况。

针对乐乐的情况:为了激发乐乐参与游戏的兴趣,保教人员可以通过故事情节和幼儿互动,在水池中增加不同大小的鱼等,增加钓鱼游戏的趣味性;保教人员还可以提供大小不同的木夹子,鼓励幼儿自发创造新玩法,如用大小配对的方式夹鱼等,让乐乐体验"跳一跳才够得着"的游戏挑战。另外,通过和家长的沟通,我们了解到乐乐家中摆放了很多玩具,乐乐经常玩不了几分钟玩具小车,又会跑去玩其他玩具,每次玩的时间都很短。显然,在乐乐的家庭环境中,过多的玩具不利于幼儿的专注力发展。对此,保教人员可以指导家长减少家中玩具的数量,引导家长在游戏中时常关注乐乐专注力的保持情况,用语言提醒、平行游戏、动作示范的方式指导并吸引幼儿继续玩下去,同时,在完成游戏后可以给予乐乐一定的鼓励和表扬,让他能体验到"继续玩下去会更好玩"的感受。

情境 2　在游戏中,幼儿间发生冲突了怎么办?

案例情境再现:

老师在教室的游戏区域摆放了几辆玩具小汽车,红豆和肉肉同时对车子产生了兴趣,红豆拿着红色消防车,肉肉拿着蓝色消防车。在游戏中,肉肉想要红豆手上的红色消防车,但肉肉没有表达自己的想法,而是直接拿走了红豆的车,红豆不同意并说:"你不要拿我的车。""我要红色的。""这个是我的。"两人的争吵引起了老师的注意,老师见状便上前说:"还有一辆黄色也好好看哦。"但未能转移他们的注意。

在争夺红色消防车的过程中,两人你追我逃地在教室中穿梭。老师此时又提出:"谁要蓝色的车车,这一黄一蓝两辆车都给同一个小朋友。"但仍未能阻止他们的争夺。最后,红豆用力一把夺过肉肉手中的红色消防车,语气非常坚定地说:"这是红豆的消防车!"最终以红豆捍卫成功,肉肉选择其他的车而结束,但肉肉明显情绪低落,老师及时给予了肉肉拥抱。

接着,教室里突然传来一阵"哇"的哭声,老师顺着哭声望去,发现是东东站在娃娃家的冰箱旁不停地大哭,一边哭还一边往身旁的娜娜看去。老师采取了"隔离"办法,带东东暂离娃娃家,在一个安静的区域安抚着他的情绪,待他情绪稳定后,耐心地向他了解事情的经过。东东断断续续地吐露出几个简单的词汇:"冰箱,开门,她。"老师尝试着读懂他的意思,并询问他是否能回到娃娃家与娜娜面对面沟通,东东点了点头。老师正准备牵起他的小手时,突然发现东东的手腕上有一排很深的牙印,这下东东又开始哭了起来,边哭边说:"是她! 她!"老师赶紧带着东东去清洁被咬处并消毒处理,然后寻找娜娜,想弄清楚事情的过程。

　　此时,娜娜依旧站在娃娃家的冰箱边上摆弄玩具。老师便走到她面前问:"娜娜,是你咬了东东吗?"娜娜听到老师的询问,害怕地低头看地上,什么话也不说,可能是意识到自己做错事情了,突然也大哭起来。原来,两个人都想往冰箱里面塞东西,娜娜塞完后关上了冰箱门,东东又想要打开冰箱门塞东西,娜娜不让,东东还是要开门,两人达不成共识,娜娜就把东东开冰箱门的手咬了。

保教人员的分析:

　　同伴冲突是同伴交往过程中一种基本的关系形态,也是幼儿社会性发展的基本途径。

　　红豆个性相对较为强势,由于月龄较大,语言表达能力也较强,能够坚持自己的想法,不退让;肉肉虽然不强势,但是很执着,为了达到自己的目的一直在争取,并且不放弃。两个幼儿对自己想法的表现强度不一样,但都反映出很强的自我意识和物权意识。托班幼儿正处于"自我中心"阶段,"物权"概念不清,常常顺手拿别人的玩具,他们所持有的所有权观念是谁拿到了某种玩具就是谁的,自己曾经占据过某种物品或者某个空间,那就一直是属于自己的,别人是不能占有的,这也是两人发生冲突的原因。

　　通过与娜娜的家长进行沟通,保教人员了解到,娜娜是家中的二宝,平日里家长忙于工作与照顾姐姐,娜娜与住家阿姨相处的时间较多。当她不称心的时候,会有咬阿姨的行为产生,这是因为托班幼儿生活经验缺乏、发音器官尚未发育完全,在同伴交往中发生争执时,往往无法用语言清晰地表达自己的想法,而用肢体动作来表达自己大部分的感受,从而出现打人、咬人的行为。但是对此,阿姨没有任何的教育,导致娜娜习惯运用这种伤害性的行为来表达自己的意愿,实现自己的目标。而东东是班级的插班生,月龄较小,性格温和,想和同伴一同玩游戏材料,却不会用正确的方法表达,因不熟悉同伴的名字,在面临冲突的时候,常委屈自己并离开当前的活动,且使用哭泣求助的方式使自己摆脱冲突。

问题解决策略:

　　在幼儿游戏中的社会性发展方面,**首先,要帮助幼儿正确表达自己的情绪**。保教人员应适度地尊重、接纳并满足幼儿的自我中心,引导幼儿"适宜"且"适当"地自我表达,并等待他们的成熟。如果幼儿间发生争执,保教人员在了解清楚双方需求后,应适时提出两个幼儿争执的核心点,为情感的交流搭建平台,将自我的表达立场牵引到聚焦的核心问题上。如在案例中,先帮助娜娜、东东控制情绪,然后协助两个幼儿理解对方的感受,协商出满足彼此需求的解决办法。

第二，要引导幼儿学会用语言表达需求。保教人员应引导幼儿多用语言表达自己的感受，而不仅仅是用动作。对于表达能力稍弱的肉肉与东东来说，保教人员和家长可以在日常活动中，多进行语言的刺激，提升幼儿的语言表达能力，使其体验用语言交往的乐趣。

第三，帮助幼儿明确所有权和边界。在托育机构集体生活中，引导幼儿转变自己看见喜欢的东西就想据为己有的行为习惯。如在区域游戏活动的时候谁先拿到玩具谁先玩，玩完后物归原处。自己的东西自己有所有权，不想分享的时候可以自己一个人玩，但别人的东西不能随意动，若想玩必须先征求别人的意见，别人不同意就不能自己拿。

第四，鼓励幼儿学习社交技巧。当矛盾产生时，可以将幼儿之间发生的冲突看作学习的机会，这些机会能够让幼儿了解他人的需求，慢慢理解交换、轮流、等待、协商与妥协等方式，学到共同解决问题的技能。如在案例中，老师可以和红豆建议，大家轮流玩红色消防车，你玩五分钟，他玩五分钟。试着引导幼儿向别人妥协，这也是同伴交往真正开始的第一步。

针对案例中的四个幼儿，具体可以采取如下指导方式。

针对红豆的情况：红豆是大月龄的宝宝，各方面能力都较强，保教人员可以发挥榜样作用，并有意识地渗透良好社会交往技能的示范教育，使幼儿在潜移默化中受到影响。保教人员还可以借助故事中的角色形象和幼儿群体的力量来进行示范教育，对于那些采用友好方式解决同伴冲突的幼儿进行表扬和奖励，强化友好行为。

针对肉肉的情况：肉肉在冲突过程中，语言表达能力不强，不会表达自己的需求和想法。保教人员需鼓励肉肉用语言表达自己的需求和想法，学习寻求加入同伴游戏的方法，如开口表达："我可以和你一起玩吗？""我能和你一起看书吗？"同时，当肉肉表达自己的想法时，保教人员可以蹲下身体，认真倾听，并给予积极回应。当幼儿表达不清时，慢慢引导他清晰地说出来。

针对东东的情况：通过游戏与生活的各环节，尽快让东东熟悉适应幼儿园环境并与同伴相识。可以设计一系列活动，使个体间有更多的接触。如：晨间活动一起玩玩具，开展游戏互动"这是什么""你认识我吗""我喜欢你"等，消除东东在集体中的恐惧感和紧张感，让幼儿在游戏中相互认识，知道同伴的名字，从而迈出与他人交往的第一步。

针对娜娜的情况：保教人员要及时安抚娜娜的情绪，从娜娜的切身感受和体验入手来分析，让她知道咬人是一种错误行为，会伤害别人，带给别人疼痛。在一日生活中，多引导娜娜学用"我不喜欢这样"等语言表达自己的感受，引导娜娜学习简单的交往技巧。同时，保教人员需与家长进行沟通，建议家长调整家庭教养方式，增加亲子陪伴的时间。

情境 3 游戏区域一片混乱，怎么办？

案例情境再现：

游戏活动开始了，托班幼儿各自选择自己喜爱的玩具玩。在小舞台区域，明明在老师的帮助下穿上公主裙、拿着仙女棒准备去小舞台玩，但转身看到旁边的娃娃家顿时改变了主意，把仙女棒往地上一扔，就跑到娃娃家去玩了。

在阅读区，幼儿自由选择自己喜欢的小书。多多把书扔在旁边的小椅子上，就去上厕所了。老师发现了这一情形，对多多轻声说："你瞧，书宝宝没回家，请你把它送回到书架上好吗？"多多点点头，在老师的帮助下把书送回到了书架上，但当多多离开的时候，地毯上还是堆满了各类图书，其他幼儿都在这堆图书里随意翻找自己感兴趣的。

不一会儿，玩具都被幼儿随意丢在教室的各个角落里，也因此导致了一些问题：有些晚来园的幼儿手中没有玩具玩了；小舞台的演员没有了仙女棒来表演；娃娃家的爸爸妈妈找不到小锅和小勺烧饭菜；阅读区的地毯上堆满了各种图书。托班幼儿在各个活动区乱作一团，老师跟在幼儿后面帮忙整理，忙得满头大汗。

保教人员的分析：

"物归原处"是幼儿园一日生活和游戏中必不可少的一项内容，而刚进入托育机构的幼儿由于秩序感薄弱，缺乏物归原处的意识，故在游戏活动中最常见的行为表现就是随手拿放玩具，造成游戏区域混乱。

明明在游戏活动时很容易受周围事物的影响，常常出现玩到一半就随意扔下玩具去玩别的，这在托班初期是经常能碰到的情况。这是由于幼儿年龄小，行为习惯还在建立初期，没有形成离开游戏区时要把玩具送回"家"的意识。

多多是班级中的大宝宝，已经有了初步的把玩具送回家的意识，但及时整理的习惯还在建立过程中。同时，在多多的家庭教养环境中，家长的教养方式以散养为主，家长平日工作忙，祖辈对幼儿的行为要求少，经常听之任之，这也造成了多多散漫的个性。

蒙台梭利在《童年的秘密》中指出："在秩序的敏感期里，儿童通过秩序感的建立认识事物，还掌握了事物之间的位置关系，这种对环境的认识为适应环境打下了基础。"托班幼儿正处于秩序感发展的重要时期，也是培养整理习惯的关键时期。保教人员要理解混乱中产生的秩序应来源于幼儿本身，这种自发的秩序更容易被托班幼儿接受。

问题解决策略：

在帮助幼儿养成整理的习惯方面，**首先，应构建材料收纳系统，正确看待"混乱"和"秩序"**。保教人员要适当容许"秩序"和"混乱"之间存在微妙的紧张关系，秩序使托班幼儿更容易取用游戏材料，并使游戏空间变得可预测，但混乱是托班游戏空间被良好使用的自然结果，虽然幼儿可能会弄乱游戏空间的秩序，但在这样探索的过程中，他们会形成自己的秩序。保教人员可以和不断制造"混乱"的幼儿一同构建一个清晰的游戏材料收纳系统，并配备充足的存储空间和使用空间，方便托班幼儿自由选择、组织材料。

其次，通过语言指导，帮助幼儿养成整理的习惯。由于托班幼儿的动作常伴随语言，因此在收纳玩具时，保教人员可以用儿歌或歌曲的形式引导幼儿收纳。如"玩具玩具我爱你，我把玩具送回家"，这样既帮助幼儿形成动作定式，也发展了他们的语言。同时，保教人员可以和幼儿玩找玩具影子的游戏，引导幼儿帮助玩具宝宝回家。也可以结合相关的绘本故事，如《玩具送回家》，引发幼儿整理玩具的动力。

最后，与家长沟通，形成家园合力。为了让幼儿从小养成良好的物归原处的习惯，良好的家园合作非常必要。如果一个幼儿在家玩具乱扔、物品乱放，那么他在幼儿园也将很难养成有序收放物品的习惯。保教人员需要和家长进行个别沟通，告诉家长正确的观念和帮助幼儿整理物品的小方法，让幼儿在家也能自己的事情自己做，自己的物品自己收。只有家园统一要求，同步教育，幼儿才能形成和巩固良好的整理物品的习惯。

针对案例中的两个幼儿，具体可以采取如下指导方式。

针对明明的情况：在开展区域游戏活动时帮助明明建立行为定式，耐心地用语言提醒、开展不同形式的"物归原处"小游戏，鼓励生生互动、反复练习。另外，根据明明乱放物品的行为方式，创设幼儿更方便送玩具回去的收纳路径，让明明能够在随时切换游戏内容时更方便地把不要玩的玩具送回家。

针对多多的情况：除了和家长沟通调整教养方式、创设有序的家庭环境外，保教人员在游戏时也需多次提醒和示范，帮助多多学会整理玩具的方法，逐步建立良好的收纳习惯。如设计有归类暗示的卡通图标，引发多多看标志放玩具的意识：在停车场，用颜色对应的方式放置同色的小汽车；在娃娃家，把小碗小勺的影子贴在橱面上暗示一对一摆放；在小舞台，用乐器小照片暗示幼儿归类放置。同时，保教人员也要经常自查教室玩具的收纳方式是否方便幼儿摆放，就近拿取。

课后习题

1. 请简述托班不同类型活动的要点分别有哪些。

2. 以下哪些是托班生活活动的组织策略（　　）？

    A. 分组活动，兼顾个别

    B. 流程固定，指令清晰

    C. 巧编儿歌，随机指导

    D. 家庭延伸，活动同步

参考答案

3. 托班运动活动根据开展场地、组织形式的差异，可以分为：_____、_____、_____。

4. 2岁的女孩小媛，在游戏中总是喜欢抢同伴的手里的东西，引起别的孩子不满，请问作为保教人员，该如何处理？

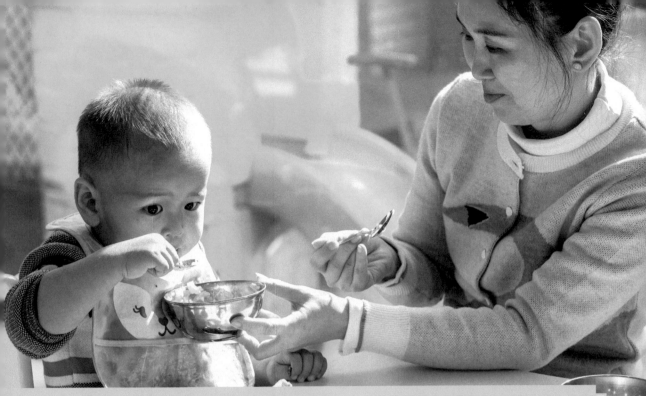

第六章 托育机构婴幼儿安全与健康

学习目标

- ☑ 1. 了解托育机构保障婴幼儿安全和健康的主要途径。
- ☑ 2. 掌握托育机构保障婴幼儿安全和健康系列措施的实施要点。
- ☑ 3. 了解婴幼儿安全和健康方面的常见问题与应对策略。

保证婴幼儿的安全与健康是托育机构最基本，也是最重要的工作。做好安全与健康工作是促进幼儿身心健康发展的基础。在实习的时候，小青老师从班级老教师的带教中，感觉到了保教人员对婴幼儿的安全与健康的重视，但小青老师觉得这些工作并不难，她认为活动的组织、环境的创设需要掌握先进的理念和专业的知识，但安全与健康工作只要细心就能做好。

真正踏上工作岗位后，小青老师才发现这个工作并没有想象中那么简单。虽然已经熟悉了班级内一日生活的流程，也熟知了园内安全管理制度和规定，但她仍旧在工作中出现了不少问题：刚刚离开盥洗室，就有孩子在推搡中摔倒了；外出活动时，甚至有孩子跑去了别的班级；面对班级里挑食、偏食的孩子，家长希望得到有效的建议，但小青老师却给不出；在小青老师的班级中有一些有特殊需要的婴幼儿，在面对这些孩子时，小青老师往往束手无策……这些都让小青老师感到很沮丧。

婴幼儿是社会"最柔软的群体"，处于身心发展的最初阶段和最稚嫩时期，托育机构应将保障婴幼儿安全和健康作为一切工作的重要前提与基本底线，保教人员要切实做好婴幼儿的安全防护、营养膳食、疾病防控、特殊需要婴幼儿照护等工作，最大限度地保护婴幼儿的安全和健康。本章就将围绕上述内容展开。

第一节

婴幼儿一日生活各环节中的安全防护

婴幼儿天性好动,且好奇心强。随着婴幼儿粗大动作能力的发展,他们的生活范围、视野也在不断扩大。然而由于动作缺乏协调性,加上生活经验缺乏,他们对周围环境中潜在危险的辨别能力差,容易造成意外伤害。保教人员要加强安全意识,最大限度地保护婴幼儿的安全健康,切实做好意外事故的预防与处理工作。

一、婴幼儿来离园的安全要点

(一)婴幼儿来园的安全要点

婴幼儿来园前,保教人员要进行教室内危险源排查,药品、清洁品等物品应放置在婴幼儿无法触及的位置。晨间接待时,保教人员注意观察婴幼儿的情绪及健康状况,检查确保婴幼儿没有携带不安全物品。

(二)婴幼儿离园的安全要点

婴幼儿离园时,须由家长亲自来接,对家长不能按时来接的婴幼儿,保教人员要安抚婴幼儿情绪,耐心等待家长来接,亲自把婴幼儿交予家长手中,不得将婴幼儿交予他人看护,保证每一个婴幼儿安全离园。

二、活动中的安全要点

(一)日常安全要求

保教人员须坚守岗位,全神贯注,带班时不讲和当时工作无关的话,不擅离工作岗位。在一日生活中,保教人员应具备对环境风险的评估能力,并随时处于防御性站位上,其根本原则是一旦发生意外,能够及时发现、及时防护、及时处理,避免因发现或处置不及时而对婴幼儿造成更严重的伤害。

（二）盥洗安全要点

保教人员应提示婴幼儿如厕时排队等候、不推挤，注意安全。应照顾如厕的每一个婴幼儿，及时观察并帮助婴幼儿解决如厕过程中的问题。盥洗室避免拥挤，地面应保持干燥，防止婴幼儿滑倒和碰伤。

（三）进餐安全要点

保教人员应组织婴幼儿专心用餐，进餐过程中婴幼儿不哭闹、不嬉笑，保教人员不催促，防止婴幼儿噎呛或其他意外伤害发生。

（四）午睡安全要点

入睡前检查婴幼儿口腔内是否含留食物，检查婴幼儿的床铺及婴幼儿身上有无发夹、橡皮筋等小物件，排除安全隐患。

婴幼儿熟睡后，要密切观察婴幼儿的睡眠情况，听婴幼儿呼吸声是否均匀，帮助婴幼儿保持正确的睡姿，对蒙头睡的婴幼儿应加以纠正，以免发生意外。留意幼儿睡觉时有无身体不舒服的情况，如发烧、抽搐等，出现此类情况时要请保健医生查看并及时送医。

（五）游戏活动安全要点

保教人员整理活动柜架时，应检查上面的器材是否摆放稳当，要注意投放的游戏和学习材料的安全卫生，确保没有割伤或划伤婴幼儿的小零件。

此外，保教人员应指导婴幼儿正确使用教玩具，并且保证每个婴幼儿在自己的视野内。

▲ 图6-1 保教人员三位一体站位

（六）户外活动安全要点

户外活动前,保教人员需要注意检查场地和器材是否安全,指导并协助婴幼儿做好充分的活动准备,如确保其穿着便于活动的服饰及鞋子,排除潜在的安全隐患,防止意外伤害的发生。同时,向婴幼儿进行户外活动前的安全教育,告诉他们不乱跑、不做危险事情,提高婴幼儿的自我保护能力。

▲ 图6-2　保教人员带领婴幼儿上下楼梯

户外活动时,应确保每个婴幼儿都在保教人员的视线范围之内,注意观察其活动的密度,运动量要适宜,动静交替、科学锻炼。

户外活动前、活动中、活动结束后都要及时清点婴幼儿人数,上下楼梯时注意排队,不推挤,一个跟着一个走。

 拓展阅读

《托育机构管理规范(试行)》(节选)

第五章　健康管理

第二十三条　托育机构应当按照有关托儿所卫生保健规定,完善相关制度,切实做好婴幼儿和工作人员的健康管理,做好室内外环境卫生。

第二十四条　托育机构应当坚持晨午检和全日健康观察,发现婴幼儿身体、精神、行为异常时,应当及时通知婴幼儿监护人。

第二十五条　托育机构发现婴幼儿遭受或疑似遭受家庭暴力的,应当依法及时向公安机关报案。

第二十六条　婴幼儿患病期间应当在医院接受治疗或在家护理。

第二十七条　托育机构应当建立卫生消毒和病儿隔离制度、传染病预防和管理制度,做好疾病预防控制和婴幼儿健康管理工作。

第二十八条　托育机构工作人员上岗前,应当经医疗卫生机构进行健康检查,合格后方可上岗。

托育机构应当组织在岗工作人员每年进行 1 次健康检查。在岗工作人员患有传染性疾病的,应当立即离岗治疗;治愈后,须持病历和医疗卫生机构出具的健康合格证明,方可返岗工作。

第六章 安全管理

第二十九条 托育机构应当落实安全管理主体责任,建立健全安全防护措施和检查制度,配备必要的安保人员和物防、技防设施。

第三十条 托育机构应当建立完善的婴幼儿接送制度,婴幼儿应当由婴幼儿监护人或其委托的成年人接送。

第三十一条 托育机构应当制订重大自然灾害、传染病、食物中毒、踩踏、火灾、暴力等突发事件的应急预案,定期对工作人员进行安全教育和突发事件应急处理能力培训。

托育机构应当明确专兼职消防安全管理人员及管理职责,加强消防设施维护管理,确保用火用电用气安全。

托育机构工作人员应当掌握急救的基本技能和防范、避险、逃生、自救的基本方法,在紧急情况下必须优先保障婴幼儿的安全。

第三十二条 托育机构应当建立照护服务、安全保卫等监控体系。监控报警系统确保 24 小时设防,婴幼儿生活和活动区域应当全覆盖。

监控录像资料保存期不少于 90 日。

三、婴幼儿安全防护的常见问题和对策

情境 1 孩子发生摔伤,应如何处理?

案例情境再现:

盥洗室内,玲玲在洗手时玩起了水,顿时水花飞溅,地面上到处都是水渍,湿漉漉的。婷婷如厕后也来洗手,刚走到洗手池边,一不留神脚下打滑摔了一跤,头刚好碰到了水池边,立刻肿起了小包。

户外运动开始了,多多选择了最喜欢的独木桥游戏,小朋友们排着队一个接一个地踏上独木桥。多多小心翼翼地在独木桥上往前走着,他走得有点儿慢,跟在他后面走的甜甜有点着急,于是用手往前推了多多一下,多多从独木桥上摔下来,大哭不止。

问题解决策略:

当婴幼儿发生摔伤时,保教人员首先要保持镇静,并快速对婴幼儿的伤情作出判断,即

做到快速观察现场,确保周围环境安全,并尽快对婴幼儿进行伤情评估,重点了解婴幼儿的受伤原因、伤口类型、部位、形状、有无异物或污物、出血量等情况。

在进行紧急处理时,动作应尽量轻柔,同时安慰并鼓励受伤婴幼儿,稳定婴幼儿的情绪。

班级保教人员要做好分工,其他人员应将未受伤的婴幼儿带离现场,避免引起其他婴幼儿的紧张。

针对婷婷的情况:保教人员判断婷婷的情况属于轻微头部摔伤,及时将其带到保健室。带入保健室后,如果头部摔伤处局部肿起一个小包,未出血,可使用布或毛巾包裹着冰袋或冰块,对受伤部位进行一次冷敷;如果摔伤处有擦伤,出现表皮破损及渗血,则进行相应的清创、止血、消毒、包扎。在处理伤势以后,应及时与家长进行沟通并说明情况,沟通时要清楚地说明婴幼儿当前的情况,如婴幼儿的伤情、已经得到的救护、当前的陪护情况等,让家长安心。接下来的一日生活中要持续观察后续情况,留心婷婷是否有头痛头晕等症状。

针对多多的情况:如多多未发生骨折,仅是肿胀疼痛,可采用以下方式:①休息。让婴幼儿选择自己感觉舒适的体位休息,如果移动会让婴幼儿感觉疼痛,则不要强迫其移动。②冷敷。使用布或毛巾包裹着冰袋或冰块,每隔2—3个小时对受伤部位进行一次冷敷,每次冷敷的持续时间约为10—20分钟。③抬高。将幼儿受伤的部位抬高至高于心脏的位置。这样可使血液尽可能少地聚集到伤处,减轻肿胀程度,但要避免二次伤害。在家长来接婴幼儿时,保教人员需要进一步沟通现阶段照护婴幼儿的情况,对事件作出反思与分析,并对后续家庭照护给予建议。

如多多疼痛剧烈,伤处局部变形,不能行走,则考虑为骨折可能,需立即送医。在送医过程中,应及时与家长取得联系,沟通情况,态度要真诚,要对婴幼儿的意外表达歉意,争取家长的理解,并询问和尊重家长对婴幼儿的治疗方案的意见,比如是否需要去指定的医院等。

情境 2 孩子发生气管异物,应如何处理?

案例情境再现:

午餐时间,3岁的悠悠边吃边和旁边的同伴有说有笑,老师看到后及时进行了提醒,但悠悠还是趁老师不注意偷偷说笑。突然,老师听到一阵剧烈的咳嗽声,赶紧跑过来,看见悠悠咳嗽不断,脸色已经有点发红发紫。

晨检时间,保健老师在给乐乐检查时,发现乐乐的鼻孔深处有一团白色的物体。保健老师赶紧将此事汇报给幼儿家长,但家长不以为意,说可能是鼻涕。保健老师再三询问幼儿是否有不适,幼儿都摇头否认。第二天,保健老师又遇到了乐乐,在晨检时还是发现白色的物体在鼻孔中,再次和家长确认,并与乐乐沟通,了解到前一天出门来园前乐乐流鼻血了,家中老人将棉花放入鼻孔中止血,并嘱咐乐乐取出,但乐乐调皮,将棉花塞进了鼻孔深处。

问题解决策略:

婴幼儿常喜欢将小东西放入口中、鼻孔中,或在吃东西时,因逗笑、叫喊或哭闹等原因,使食物呛入气管中。若幼儿出现咳嗽不断、喉喘鸣、声音嘶哑、呼吸困难,需要及时将异物取出,以防异物堵塞气管,危及生命。

针对悠悠的情况:悠悠应该是逗笑时不小心将食物吸入气管中,保教人员要及时用海姆立克急救法,将堵住气管、喉部的食物硬块冲出气道。救治的具体操作方法如下:保教老师站在悠悠身后,从背后抱住其腹部,双臂围住其腰腹部,一手握拳,拳心向内按压于受害人的肚脐和肋骨之间的部位;另一手掌按摁在拳头之上,双手急速用力向里、向上挤压,反复实施,直至阻塞物吐出为止。

针对乐乐的情况:根据判断,乐乐鼻孔内的异物应该是棉花,保教老师应及时与家长沟通,带乐乐前往医院就诊,让耳鼻喉科医生取出异物,以免异物通过鼻孔滑入气管,造成气管堵塞。

婴幼儿营养膳食

　　合理的膳食与充足的营养是婴幼儿生长发育的物质基础,0—3岁婴幼儿体内的各系统、器官、组织都处于生长发育的状态,需要在日常生活中合理安排膳食,保证营养物质摄入均衡,以满足婴幼儿健康成长的需要。

一、婴幼儿生长发育规律与膳食要求

　　婴幼儿一般在满6月龄后开始添加辅食,辅食是指除母乳或配方奶以外的其他各种食物。基于婴幼儿的生长发育需要和消化系统发育情况,其饮食会经历两个阶段:辅食体验期和食物过渡期。其中,7月龄—2岁前处于辅食体验期,2—3岁是食物过渡期。辅食体验期应注重逐步增加婴幼儿进食多样化食物的机会;到了食物过渡期,则要保证幼儿全面科学地进食多样化的食物。

(一)7月龄—2岁婴幼儿的发育特点与膳食要求

　　7月龄—2岁的婴幼儿,消化系统逐渐发育,乳牙逐渐萌生,开始能咀嚼,故应及时为其提供咀嚼和消化食物的机会,这样不仅有利于婴幼儿汲取必要的营养,也有助于他们牙齿、口腔、消化系统的发育。但婴幼儿消化系统的功能尚未完全发育成熟,胃容量小,各种消化酶的活性较低,不宜突然改变进食习惯,因此在膳食供给上有以下要求。

1. 从富铁的泥糊状食物开始添加,逐步达到食物多样化

　　随着母乳量的减少,应逐渐为婴幼儿增加辅食。首先应添加强化铁的婴儿米粉以及肉泥等富铁的泥糊状食物,逐渐过渡到半固体或固体食物,如烂面、肉末、碎菜、水果粒等。每次只引入一种新的食物,适应2—3天,密切观察婴幼儿是否出现呕吐、腹泻、皮疹等不良反应,适应一种食物后再添加其他新的食物,逐步达到食物多样化。

▲ 图6-3　菠菜肉泥粥

▲ 图6-4　1—2岁宝宝在托育机构进餐

2. 提倡顺应喂养，鼓励但不强迫进食

鼓励并协助婴幼儿自己进食，培养进餐兴趣，每次进餐时间不超过20分钟。进餐时，喂养者与婴幼儿应有充分的交流，不以食物作为奖励或惩罚。婴幼儿体格生长指标是判定婴幼儿营养状况的直观指标，只要婴幼儿体格生长指标平稳，就不要一味强迫婴幼儿多吃。

3. 辅食不加调味品，尽量减少糖和盐的摄入

婴幼儿辅食应单独制作，保持食物原味，不需要额外加糖、盐及各种调味品，可适量添加植物油。1岁以后逐渐尝试淡口味的家庭膳食。

▲ 图6-5　7—24月龄婴幼儿平衡膳食宝塔

（二）2—3岁幼儿的发育特点与膳食要求

2岁以后，幼儿的乳牙基本出齐，胃容量逐渐增加，消化酶的分泌和功能增强，基本上可以消化所有的食物。幼儿生长所需的营养主要来源于平衡膳食，即选择品种多样的食物，调配得当，饮食定量，使能量及营养素能满足婴幼儿的营养需要。在膳食供给上有以下要求。

1. 规律就餐，自主进食不挑食

幼儿心理发育迅速，自我意识、模仿力、好奇心增强，故应引导其自主、有规律地进餐，保证每天的三餐三点，不随意改变进餐时间、环境和进食量；培养幼儿摄入多样化食物的良好

习惯,纠正挑食、偏食等不良饮食行为。

2. 每天饮奶,足量饮水,正确选择零食

摄入充足的钙对促进幼儿骨骼的生长发育有重要意义。因此,应鼓励婴幼儿多饮奶,如每天饮奶 300—400ml 或食用相当量的奶制品。培养婴幼儿喝水的习惯,每天饮水 600—700ml,应以白开水为主,避免饮用含糖饮料,饮水安排宜少量多次(上午、下午各 2—3 次),不宜在进餐前大量饮水,以免影响食欲和消化。零食选择以奶制品、水果、蔬菜等食物为佳,少食油炸食品和膨化食品,零食最好安排在 2 次正餐之间,量不宜多,睡前 30 分钟不要吃零食。

3. 食物应合理烹调

幼儿膳食仍应专门单独制作,少调料、少油,保持幼儿口味清淡。烹调方式以蒸、煮、炖、煨为主,少油炸、烤、煎等。绿叶蔬菜类以水油焖炒为主,避免高温破坏食物的营养。大豆等质地较硬的食物,不宜直接食用,以防发生吞咽危险,而应先磨碎,制成泥糊浆等状态再进食。注重食物的色彩搭配、味道搭配、摆盘,形成具有幼儿特色的膳食形态。

▲ 图6-6　幼儿膳食——蜜瓜鸡丁

4. 鼓励幼儿参与食物选择与制作,增进对食物的认知与喜爱

2 岁以后,幼儿的生活能力逐渐提高,对食物选择有一定的兴趣和喜好,应引导幼儿与各种食物互动,鼓励家长让幼儿参与家庭食物的选购和力所能及的制作,使其体验和认识各种

▲ 图6-7　2—3岁婴幼儿平衡膳食宝塔

食物的天然味道,增进对食物的积极情感。

二、婴幼儿营养膳食供给

由于各种食物所含营养素的质和量并不相同,所以任何一种或多种食物都不可能全面满足婴幼儿生长发育的需要,只有将不同的食物进行合理的调配,人体才能全面、平衡地吸收所需的各种营养素,促进机体的健康成长。

(一)一日营养膳食安排

婴幼儿一日营养膳食包含三餐三点,其中"三餐"指早餐、午餐、晚餐,"三点"指早点、午点、晚点。为了让幼儿充分消化和吸收膳食中的食物的营养,相邻两正餐间隔时间应不少于4个小时,相邻两点心间隔时间不少于2个小时。一日营养膳食的安排要点包括以下内容。

1. 早餐丰富吃得好

早餐要为婴幼儿提供充足的热量,应注重"粗细搭配"。米面统称细粮,热量充足,易消化;粗粮包括玉米、紫米、燕麦、荞麦等谷类和黄豆、青豆、绿豆等豆类,富含膳食纤维,粗杂粮与细粮的搭配,有利于营养的相互弥补和肠胃道的有效调养。

早餐可适当调配蔬果,"干湿搭配"能使更多的营养素溶解,有利于消化吸收。

▲ 图6-8　金玉白米乐乐饭　　　　　　　▲ 图6-9　午餐餐点

2. 午餐营养搭配全

午餐的营养最全面,应注重"荤素搭配""干湿搭配"。荤菜以一种肉类为主,素菜包括豆制品、蔬菜和菌菇类,食材要多样,搭配成花色多彩的膳食。主食如果吃米饭,就要搭配汤。

3. 晚餐清淡易消化

晚餐要提供一些易于消化、热量适中的食物,不要让婴幼儿吃得过饱。

4. 三点加餐要适量

由于婴幼儿胃容量有限,三餐之间的早点、午点、晚点,有助于婴幼儿及时补充能量。点心一般以饼干、水果、奶制品为主,午点还可以安排粥、豆制品等。水果种类应多样,午点和晚点可不同,入睡前一小时加牛奶。三点不要吃得太饱,以免影响三餐的食欲。

(二)一周营养膳食计划

托育机构在安排婴幼儿一周营养膳食时,要注意以下原则。

1. 计划性

食材的种类众多,在一周营养膳食安排中,同一类型的不同食材,比如海鲜、肉、蛋、动物内脏等荤菜,要有计划地安排在一周的食谱中,减少重复。素菜的安排要保证绿叶蔬菜、鲜豆类比黄叶蔬菜、根茎类多一倍。一周的主食中,面食不能少于1—3次,可提供面条、面包、馄饨或水饺。不仅如此,在烹调方法上也要尽量做到相邻两日不重复。

2. 全面性

不同婴幼儿的体质不同,身体发育状况也会表现出一定的差异性。对于有特殊需要的幼儿,要基于他们的需要进行营养膳食的计划和安排,比如体弱婴幼儿的添加菜、身体不适幼儿的病号饭等,保证托育机构所有婴幼儿的健康成长。

📖 案例分享

一周食谱示例

表 6-1 一周食谱示例

日期	星期一	星期二	星期三	星期四	星期五
早点	牛奶、花色曲奇	牛奶、麦香小刀切	牛奶、花色饼干	牛奶、葱香吐司	牛奶、花色饼干
保健营养水		冰糖红枣枸杞水		冰糖陈皮梨香水	

续 表

日期	星期一	星期二	星期三	星期四	星期五
午餐	儿童小面包 特色牛肉丸蔬菜汤 (自制牛肉丸、鲜汁黑木耳、胡萝卜、金针菇、大白菜汤)	小米烂饭 凤梨山药虾丁 蒜泥绿米苋 鲜汁青豆泥 肉糜豆腐羹	清香白米饭 蘑菇炒杭白菜 彩椒胡萝卜粒 烩小鸭心 鲜汁番茄山药蛋花羹	山药香米软饭 洋葱粒番茄粒 烧青鱼 荤素烩五丝 鲜汁蘑菇白萝卜羹	花色软饭 (胡萝卜片、花菜片、西蓝花片、猪肉末、蘑菇片) 玉米海参 鲜虾蛋羹
肥胖儿	蒜蓉橄榄菜	炒二丝 (萝卜丝、茭白丝)	清炒小白菜	烩二丝 (青椒丝、豆芽丝)	烩双粒 (玉米粒、青豆粒)
病儿	肉糜蛋片粥	青菜肉糜汤面	杭白菜肉糜粥	荤素五丝汤面	蘑菇菜心肉丝烂面
午点	冰糖山药南瓜粥 五香鹌鹑蛋	鲜汁油麦菜 通心粉 卤味鸭肝片	冰糖玉米薄粥 奶香椒盐派	葱香鸡鸭血 薏米粥 电烤冰糖紫薯块	冰糖水果银耳羹 特色三鲜菜包 (肉糜、香菇、香干、荠菜、青菜)
水果	猕猴桃	香蕉	甜橙	砂糖橘	哈密瓜
体弱儿	山楂果酱小刀切	荠菜肉糜蒸卷	香橙小馒头	蜜汁鸡蛋	蔓越莓小蛋糕

注:此表展示内容为托育机构一周食谱,故不呈现晚餐及晚点。

(三)四季营养膳食重点

个体的健康与四季气候的变化之间存在着一定的联系。通过各种食物的不同组合,巧食妙补,应季而食,形成四季食物营养价值与功效调理融合的婴幼儿膳食,可促进婴幼儿的健康成长。

1. 春季调理，关注婴幼儿壮骨助长

春季是万物生长的季节，婴幼儿在户外的活动时长也会增多，应及时补充富含钙质的食物和富含维生素 D 的食物，如乳类、鱼虾及豆类等；让婴幼儿多吃谷、蔬、肉、鱼等食物，增强婴幼儿体质健康；巧选香蕉、生梨等清热生津解渴的鲜果。

▲ 图 6-10　西蓝花虾仁　　　　　　▲ 图 6-11　清凉小鱼丁

2. 夏季调理，关注婴幼儿清热凉爽

夏季天气炎热，出汗多，必须及时补充水分、无机盐、蛋白质，且夏季婴幼儿食欲欠佳，在膳食上应做到色彩鲜艳、形式多样，以鱼、肉、蛋、奶和豆制品及各类蔬果为宜，以口味清淡、消暑开胃为主，更应注重食品卫生与安全。

3. 秋季调理，关注婴幼儿滋阴润燥

秋季天气干燥，容易唇干舌燥、鼻腔燥热、肠道便秘等，应多吃滋阴润燥的食物。同时经过夏季消耗多吸收少的情况，秋季要重视补充营养，调整机能。秋季是婴幼儿增长体重的最佳时节，应及时为婴幼儿提供热量高和滋润祛燥的食品，如猪鸭肉、鸡鸭蛋、鱼虾蟹和各类蔬果与豆制品等，但要预防幼儿消化不良。

4. 冬季调理，关注婴幼儿驱寒添暖

冬季天气寒冷，婴幼儿活动量减少，而人体生理活动需要的热量增加。因此，婴幼儿膳食中可适当增加高热量、高蛋白的食物，如牛羊肉、鸡鸭肉、鱼蛋奶等，同时丰富蔬菜品种，并食用红薯、血糯米粥等。

▲ 图6-12　梨香银耳润肺粥

▲ 图6-13　奶香牛肉粒

三、婴幼儿营养膳食供给的常见问题和对策

情境 1 孩子对食物过敏，在托育机构内应如何照护？

案例情境再现：

在托育机构的新生家长会后，班级老师收到了家长反馈的食物过敏婴幼儿的情况。今年，班级里的桃桃对鸡蛋过敏，小然对猕猴桃过敏，最严重的是佳宝，他对很多食物都过敏，家长在表格里注明了佳宝能吃的食物，加起来一共只有十几种。班级老师把相关情况反映给了保健老师，并一起针对班级食物过敏婴幼儿的情况进行更深入的分析，制定应对措施。

保教人员的分析：

在保健老师的指导下，保教人员进一步和家长沟通，了解三名婴幼儿食物过敏的情况，其中桃桃不仅对鸡蛋过敏，所有其他的蛋类，桃桃都不能吃，而且桃桃的妈妈也对鸡蛋过敏，但桃桃的生长发育指标还不错。小然的妈妈说，小然不是完全不能吃猕猴桃，如果把猕猴桃加热，小然吃掉是没有问题的，他只是对生冷的猕猴桃过敏。佳宝则本身就是过敏体质，在家中，家长限制孩子进食很多食物的品种，食物量控制也很严格，佳宝身高体重在入园时未达标。

基于更多的调查，保教人员判断桃桃的食物过敏可能是家族遗传所致，小然的过敏原在高温状态下会变性，而佳宝的过敏可能与自身的免疫系统有关。

问题解决策略：

为保护婴幼儿的健康与安全，首先应明确婴幼儿的过敏原，班级所有保教人员，托育机构保健老师、营养师都要清楚地知道,在婴幼儿过敏期间,要避免婴幼儿接触过敏原。

针对桃桃的情况: 采用食物替代法,如鸡蛋过敏,可以用猪肉替代,两者能提供一些相同的营养成分。另外,低龄婴幼儿正处于自我认知发展的初期,一般会表现出别人有的,我也要有,不能理解为什么自己和别人不一样。故营养师在烹饪时应注意把为过敏幼儿替换的食材做成和当天食谱中的正常食材颜色、形状尽量相同的,让过敏幼儿也能愉快进餐。

针对小然的情况: 采用食物加热法,可以把猕猴桃烧到菜里、粥里,制作成菜肴和水果粥,让小然能均衡地摄取猕猴桃里的营养素。

针对佳宝的情况: 采用食物脱敏法,由于佳宝的食物过敏品种较多,营养素替代补充存在一定的困难,且已经影响了佳宝的生长发育,所以要积极尝试进行食物脱敏。现代医学研究发现,食物过敏不是一成不变的,随着孩子的年龄增长、消化系统的不断健全、消化吸收食物能力的不断增强,机体对过敏食物的耐受性会发生变化。在进一步观察了解佳宝对过敏食物的反应前提下,针对轻度过敏的食物,当佳宝体质比较好的时候,少量给他尝试,先从蔬菜开始,观察反应,如果没有任何过敏反应,就逐步增加食用量,直至可正常吃。对于重度过敏反应的食物,以食物替代法为主。

情境 2 孩子挑食,应该怎么办?

案例情境再现:

13 个月的静静和妈妈来到餐厅,妈妈拿起勺子,一口米饭一口菌菇地喂静静吃饭。每次轮到菌菇,静静小嘴张得很小、吞咽也慢,到最后干脆不愿意吃菌菇,不管妈妈怎么哄,静静不是把菌菇吐出来,就是用手把菌菇推开。如果把菌菇藏在米饭下面喂给静静吃,静静偶尔会一起吞下去,但遇到大一点的菌菇,就会吐出来。

14 个月的彤彤,经过一个多月在托育机构的生活,已经很好地适应了。在吃饭方面,午餐和午点总体来说吃得不错。但是对于有些没有吃过的食物或者没有尝过的味道,彤彤就会用小舌头把食物吐出来,拒绝咽下去。

保教人员的分析:

1—2 岁婴幼儿的乳牙逐渐出齐,咀嚼和消化的能力增强,饮食逐渐可以过渡到以混合食物为主。咀嚼块状的食物能够促进婴幼儿牙齿、舌头、颌骨的发育,因此食物的供给要多样化,做到营养均衡。

进一步从婴幼儿在家的营养膳食供给、家庭的饮食习惯等方面了解静静和彤彤的情况,确定了静静不喜欢菌菇的原因是静静不适应吃大块的食物。虽然她的乳牙已经出得差不多了，但是家人仍把菜切得很碎，饭煮得很烂，导致静静只习惯吃软烂、小块的食物。而彤彤在家的饮食比较单一，只吃固定的几种食物，每天烹饪的方式也都差不多。当家人尝试给彤彤吃其他更多品种的食物时，只要彤彤第一次不吃，家人就以为彤彤不爱吃，之后就不再给彤彤做了。

问题解决策略：

针对静静的情况： 指导静静的家长，可以将食物不要切得太碎、煮得太烂，逐渐过渡到块状的食物。同时，在进餐过程中，通过儿歌、比喻等形式，鼓励静静用牙齿进行咀嚼，可以这样鼓励静静："静静的小老虎牙齿很厉害的哦，啊呜啊呜把大蘑菇嚼碎啦，真厉害。"

针对彤彤的情况： 尽快让彤彤尝试不同的食物，并注重增加彤彤对不同食物的积极情感，比如丰富食物的搭配、美化食物的摆盘、使用好看的餐具、适当让幼儿参与食物的采购和制作环节等；同时，家长也要给彤彤做好榜样，鼓励彤彤样样食物都爱吃。

婴幼儿疾病与心理行为问题 的早期发现与干预

促进婴幼儿身体和心理的健康发展是托育机构保教实践的重要内容。托育机构要做好婴幼儿在机构内的健康监测,密切关注婴幼儿的身心健康状况,做好疾病的早期预防、早期发现和早期干预。

一、婴幼儿的健康监测

婴幼儿的健康监测,是指对婴幼儿的健康状态进行观察、检查。根据监测手段和频率,可以分为一日生活中的健康观察、定期体格检查、心理与行为发育筛查。

(一)一日生活中的健康观察

保教人员在对婴幼儿进行一日保育和教养的过程中,应随时观察婴幼儿有无异常表现,做到疾病的早期发现。

全日观察的重点是婴幼儿的精神状况、食欲状况、大小便状况、睡眠状况、体温以及学习、活动等情况。如果婴幼儿平时活泼爱动,突然变得不爱说话、不爱活动、无精打采;进餐时没有食欲,甚至出现呕吐等现象;小便颜色加重、大便次数增多或拉稀;午睡中脸色发青、呼吸急促、躁动不安等,都反映出婴幼儿身体的异常,应进一步联系保健教师对其进行身体检查,以确定是否生病。同时,对于婴幼儿在智力、感官、情绪、肢体、行为或言语等心理与行为方面的发展表现,保教人员也要在一日生活中给予关注,如在一段时间内出现语言发展、社会性发展显著落后同龄婴幼儿等心理与行为发育异常,应进一步联系保健教师进行心理与行为发育筛查。

婴幼儿每日进入托育机构时,保教人员会根据婴幼儿晨检情况,分发晨检牌。晨检牌一般会设置成不同的颜色,代表不同的身体健康状况,比如红牌表示身体健康;黄牌表示婴幼儿有呼吸道不适(喉咙红肿、咳嗽、流涕等);蓝牌表示需要根据医生处

▲ 图6-14 晨检牌

方服药和进行密切观察；绿牌表示有外伤；粉牌表示婴幼儿肠胃道不适，需要清淡饮食等。保教人员应熟悉所在托育机构晨检牌的意义，准确把握婴幼儿的健康信息，对身体不适或体弱儿加强关注，并做好全日观察记录。

除了关注在托育机构的婴幼儿外，对于缺勤婴幼儿，保教人员要落实因病缺勤追查与登记制度，及时了解婴幼儿患病的情况和病因，并将因病缺勤婴幼儿的情况报告给保健教师，以确保对传染病患儿的早发现、早报告、早隔离、早治疗。

（二）定期体格检查

体格检查是对婴幼儿的体重、身高（长）、视力、听力、口腔、血常规和尿常规进行定期连续的测量，可判定婴幼儿生长发育水平及趋势，以早期发现生长发育偏离（包括肥胖、生长迟缓等）、贫血、龋齿等情况，并将体检结果反馈给家长，及时分析原因，采取措施。

婴幼儿进入托育机构前必须在指定的妇幼保健院进行全面的健康检查，经血液等项目检查，确定无传染病，且最近两个月内无传染病接触史者方可入托。对离托三个月以上或去外地（离开本市）返回时，须重新体检方可进入托育机构。

▲ 图6-15 托班幼儿体检

1—3岁婴幼儿应每半年体检一次，其中，身高（长）、体重和视力每半年检查一次，口腔、血常规和尿常规每年检查一次。

（三）心理与行为发育筛查

心理与行为发育筛查是指结合专业的发育评估量表，如丹佛发育筛查测验（DDST）、儿童行为量表（CBCL）、儿童社会—情绪能力量表等，在观察婴幼儿一日生活、家长访谈中，对婴幼儿的心理与行为问题进行评估。

由于婴幼儿还处于心理发展初期，筛查的目的不是"贴标签"，而是对幼儿出现的行为问题进行关注，让保教人员和家长注重对婴幼儿相对滞后发育的领域与行为问题采取及时的措施，避免问题进一步加重。

在托育机构，保健教师承担着对所有婴幼儿身心发育进行监测的重要任务，但保健教师的准入门槛低且缺乏系统性、专业化的职后培训。因此，发育筛查完全由保健教师来落实存在一定的困难。面对这种现状，在实践中，托育机构可以依托园所资源，通过组建心理评估小组的形式,保证心理与行为发育筛查的有效开展,心理评估小组的人员可以吸纳具备一定的心理评估知识和实践能力的医生、教师等群体。

二、特殊需要婴幼儿的早期干预

通过婴幼儿健康监测,针对需要给予特殊帮助或服务的婴幼儿,比如生长发育不良婴幼儿、患慢性疾病婴幼儿(贫血、糖尿病等)、发育迟缓婴幼儿等,托育机构要实施早期干预措施。

 **拓展阅读**

特殊需要儿童的早发现、早干预

"特殊需要儿童"源于"残疾儿童"和"特殊儿童",但特殊需要儿童的内涵更深更广,是指因在身心发展或学习、生活中与普通儿童有明显差异,而需要给予特殊帮助或服务的儿童。

学前期是个体发展速度最快、变化范围最广的阶段,早期的身心发展状况,对以后的儿童期、青少年期乃至整个成人期的各方面发展均具有重大影响。比如幼儿肥胖会使其成年后患慢性疾病的风险增加、儿童早期的心理与行为问题会影响成年后健康健全人格的形成等。医学、神经生物学、社会生态学、发展心理学等多学科对早期干预的研究,均提出对于存在身心发展问题的幼儿,越早发现、干预开始越早、持续时间越长,效果会越显著,对儿童的发展也更有利。

(一)特殊需要婴幼儿干预模式

针对特殊需要婴幼儿的发育问题,班级保教人员、保健教师应联合相关人员,制定有针对性的干预计划,对早期干预的目标、内容和组织进行设计。依据特殊需要婴幼儿的问题类型,有两种不同的干预模式。

1. 医教结合模式

对于大部分生理性问题,包括单纯性肥胖、生长迟缓等生长问题,以及有明确诊断的心理与行为问题,比如自闭症、语言发展迟缓等,若家长积极寻求了校外的专业干预机构进行干预,一般采用医教结合的早期干预模式。

医教结合的早期干预模式将干预的目标界定为促进婴幼儿的康复,利用托育机构的教养资源,制定科学的干预内容和组织形式,让校外干预和教育干预同步发力。比如针对单纯性肥胖的婴幼儿,在医教结合的理念下,从营养膳食、运动等方面制定干预内容:在营养膳食方面,保教人员需要在进餐顺序上进行调整,先喝汤再吃饭菜,营养师会准备粗纤维食材作为添加菜;在运动方面,基于对特殊需要婴幼儿的健康指标、身体机能状况、运动能力的特点进行的分析,制定专属运动处方,对运动形式、运动强度、运动持续时间和运动频次进行设计,保证运动的科学性。

2. 融合模式

融合干预模式基于融合教育理念,倡导像对待普通婴幼儿一样,为特殊需要婴幼儿提供适宜的教养方案。

融合模式的干预目标是通过系列活动的实施,帮助特殊需要儿童能如普通幼儿一样在班级里学习和生活,这一目标能为特殊需要婴幼儿未来更好地适应社会打下基础。对于特殊需要婴幼儿,其在独立性、自主性和社会适应性上的发展较普通婴幼儿更为缓慢,需要更多的练习机会和更为细化的个别化指导,因此,在实践中,往往聚焦生活自理、融入集体以及特殊问题的辅助干预三大模块。应注重利用托育机构已有的教养资源进行融合教育,并注重对婴幼儿的家庭教养方式进行同步指导和干预。

(二)特殊需要婴幼儿健康档案

特殊需要婴幼儿的干预需要长程追踪,持续关注,为特殊需要婴幼儿建立"一人一档"健康档案,由保教人员、家长等有目的、有选择地收集能够反映特殊需要婴幼儿在一定时期内学习与生活、发展进步状况的相关资料,汇总成册并保存。健康档案有助于统整多方信息,更好地了解和评估婴幼儿的情况,为实施连续的、更有针对性的早期干预措施提供帮助。

1. 平等关注,建立不同类型特殊需要婴幼儿健康档案

健康的内涵包括生理、心理和谐发展,因此针对特殊需要婴幼儿的问题,可按照"生理"和"心理"两个大类进行分类归档。健康档案的内容,一般包括基本信息资料、问卷调查记录、阶段性评估结果(体检数据、测评分数等)、阶段性小结资料(保教人员反馈、家长反馈等)。除此之外,优秀的健康档案还应记录过程性资料,具体包括个别化干预计划与调整、教师观察记录、家长观察记录等。

2. 多方参与，推进多方联动的资料收集

在健康档案资料的收集中，要注重多方联动，从不同层面收集相关资料。比如特殊需要婴幼儿的评估记录，可以是量化的评估结果，也可以是质性的心理和行为观察。基于"医养教"结合的理念，资料的来源可以是保教人员、家长、专业机构，保教人员还包括班级保教人员和班外保教人员等。资料的形式，可以是文字，也可以是生动的照片或视频等。

（三）特殊需要婴幼儿的家园合作与沟通

特殊需要婴幼儿的发展离不开家庭和托育机构的密切合作，两者应形成早期干预共同体。家园合作状态的改善，不仅有助于特殊需要婴幼儿的正向发展，也能大大激发和保持托育机构、保教人员、家长对特殊需要婴幼儿实施早期干预措施的信心和积极性。在与特殊需要婴幼儿家长进行合作与沟通时，有以下有关策略。

1. 共情：营造积极沟通的氛围

家园沟通的氛围会直接影响家长对保教人员的信任和合作态度。每一个家长都希望孩子能够身心健康地成长，当得知自己的孩子发展存在问题时，家长难免会产生很多的负面情绪。这个时候，如果保教人员只是一味地将问题抛给家长或指导家长应该如何调整自己的教养方式，会给家长造成一定的压力，从而引发家长回避交流的情况。因此，在特殊需要婴幼儿的家园沟通中，保教人员要注重共情的沟通技巧，在沟通中换位思考、耐心倾听。

换位思考是站在家长的角度，体会他们的感受，有助于保教人员更多地注意自己在沟通中的表达方式。比如感受到家长可能会担心孩子被歧视的心理状态，教师就可以在沟通问题前先说说孩子的优势，表达不会因为孩子的问题而不喜欢孩子的想法，消除家长的顾虑等，家长也会因此消除对保教人员的误解。

在沟通过程中耐心倾听，不随意插话，并通过肢体语言，比如点头、眼神关注等，能让家长尽情地表达，有助于保教人员了解家长的需求、关注点，为后续有针对性的沟通提供参考和切入点。

2. 反馈：消除焦虑并建立信任

特殊需要婴幼儿的发展是一个循序渐进的过程，需要家长和保教人员静等花开、守望成长。在家园沟通中，开展双向、及时的反馈，沟通幼儿在托育机构和在家的表现，可让双方了解到幼儿的变化，有助于消除家长的焦虑，建立双方的信任关系，为长期的合作沟通奠定良

好的基础。

反馈首先要及时。特别是家园合作初期，是建立信任关系的重要阶段，及时的反馈能让家长感觉到保教人员对幼儿的关注和重视，从而对保教人员形成积极的印象。

其次，反馈要有针对性。特殊需要婴幼儿的干预措施，需要有一定的计划，阶段性地关注一个小的抓手，这样更容易发现幼儿的成长和变化。因此，在反馈的时候，保教人员也要基于前期与家长达成的关注点，有针对性地反馈保教人员在托育机构的做法，以及婴幼儿在托育机构中的表现。

反馈是双向的，大部分的家园沟通中，以保教人员反馈为主，要帮助家长养成主动反馈婴幼儿在家表现的双向反馈模式，帮助双方全面把握特殊需要婴幼儿的发展情况，形成平等的家园合作关系。

3. 建议：提供支持以形成合力

在特殊需要婴幼儿的家园合作中，保教人员需要提供家庭教育咨询支持。在提建议时，要表达尊重，就是要尊重家长的育儿观念、隐私和意愿。保教人员可以用专业知识和能力来影响家长，提供育儿建议，但不能直接参与决策，应在沟通中激发家长自身的主观能动性，从"要我做"变成"我要做"。

家长是婴幼儿的监护人，在遇到问题时，家长会更多地寻求托育机构保教人员的帮助，但与其他幼儿相比，特殊需要婴幼儿存在发展上的问题，需要多方专业力量的参与，以把握好最佳的早期干预时机。因此，在面对一些棘手的家园难题时，我们要鼓励家长积极寻求校外支持，比如医疗机构、专业机构等，形成托育机构、家庭、专业机构"三位一体"的支持体系，并以家庭为纽带，联动三方在促进特殊需要婴幼儿发展上步调一致、优势互补、同向发力。

三、婴幼儿家长的健康教育

3 岁前婴幼儿的自主保健能力还在发展初期，需要依赖成人的监督。大部分家长对幼儿健康的理解就是不生病，对肥胖、瘦弱等体格生长问题不够重视，未意识到这些问题对婴幼儿身心发展的长远不利影响。家长对婴幼儿的心理和行为问题认识不够，认为经过托育机构的早期教养就会变好。针对这些问题，托育机构要加强对婴幼儿家长的健康教育。

（一）强化家庭重视婴幼儿身心健康的意识

托育机构面向全体家长，通过定期开展内容丰富的健康教育家长讲座、家长沙龙、日常托育机构健康教育活动的宣传以及邀请家长参与托育机构健康教育活动的实施等多种途径,提高家长对婴幼儿健康教育的重视和关注,提升他们对婴幼儿健康教育目标和内容的了解与认识。比如,邀请儿科医生、儿童心理学专家、儿童营养师等为家长开展专题讲座,组建爸爸妈妈故事团为婴幼儿表演有关健康教育内容的戏剧故事。在这一过程中,家长对婴幼儿健康教育会有更为全面的了解和认识。

▲ 图6-16 儿科医生给托育机构家长开展主题讲座

(二)开展形式多样的家庭科学育儿指导活动

针对特殊需要婴幼儿的家长,托育机构要注重在不同层面开展家庭科学育儿指导活动。

在班级层面,保教人员通过日常的家园沟通和合作,向家长传播科学育儿理念和针对婴幼儿发展需要的实践活动与方法。

在医务室层面,保健教师定期向特殊需要婴幼儿家庭推送特殊需要婴幼儿教养注意事项和教养知识,比如单纯性肥胖婴幼儿居家运动活动、情绪处理小技巧等。

在托育机构层面,成立家长组织、开展家长沙龙,鼓励特殊需要婴幼儿家长间的相互交流、经验共享,形成育儿交流共同体。

四、婴幼儿身心发展的常见问题和对策

情境 1 班级出现患传染病的幼儿时,保育工作如何开展?

案例情境再现:

周一来园,乐乐开心地与老师分享周末到商场的室内游乐场玩的情景,好多小朋友

在里面一起玩海洋球、滑滑梯，很快乐。但是到了午点的时候，乐乐突然没有胃口，不一会儿就开始犯恶心，还没等李老师拿来垃圾桶，乐乐就吐了。原以为是消化不良造成的，可是没一会儿乐乐又吐了。短短半小时，乐乐呕吐3次，人也没了精神，体温37.8℃。老师通知家长带乐乐就医，经诊断，乐乐感染了诺如病毒，乐乐所在的班级也成了隔离班。

保教人员的分析：

诺如病毒具有传染性，保教人员应同时对乐乐和班级中其他婴幼儿进行护理。

问题解决策略：

面对乐乐在教室中呕吐的情况，班级保教人员需共同协作。首先，立即开窗通风；一个保教人员进行疏散，让其他婴幼儿有序离开事发地；一个保教人员将乐乐带去隔离室，随身携带好呕吐袋，以免二次污染其他区域；一个保教人员在婴幼儿离开后及时对呕吐物和涉及区域按照相关要求规范消毒。

保教人员当晚及时进行电话家访，关心和了解乐乐情况，指导家长感染诺如病毒后的护理方法，并告知家长康复后来园的规定：诺如病毒症状消失72小时后，有医院开具的痊愈证明，再返回托育机构。

针对班级其他婴幼儿，保教人员要及时在班级联络平台，下发所在托育机构的传染病预防控制应急预案措施，比如错峰来离园安排等。同时，在隔离期，保教人员要做好班级活动的调整，不并班、串班开展活动；对班级的生活用品、教学用具、玩具按发生传染病后的消毒要求进行消毒；同时密切关注班级其他婴幼儿的健康状态，并加强对婴幼儿良好卫生习惯的培养。

> **情境 2** 班级有生长迟缓婴幼儿时，个性化保育如何开展？

案例情境再现：

逸逸是一位生长迟缓的小朋友。早点时间，逸逸依旧是牛奶桌上的"钉子户"，因为她一直不愿意喝牛奶。今日早点时，逸逸先用小勺子"艰难"地把饼干舀到小盘子里，津津有味地"抿"着饼干，随后看了牛奶许久，舔舔嘴唇，但并没有想拿起牛奶喝的意思。老师见状，蹲下鼓励逸逸尝试喝一点，逸逸点头同意。一开始，老师帮忙拿着牛奶杯喂逸逸，喝牛奶时逸逸的嘴巴是尖尖的，还发出"喔喔"的声音。老师进一步鼓励逸逸尝试自己喝，逸逸自己拿着牛奶杯，嘴巴抿着，用力往上一倒，牛奶全部倒在了脸上。午餐时间，逸逸用小勺子舀起几粒米饭送进自己的小嘴巴里，他一直习惯用门牙咀嚼，只见逸逸努力"磨着"米饭,很久也没有咽下去。

桔宝是一个性格内向的宝宝,体格检查显示她属于生长迟缓加低体重。午饭时间,桔宝安安静静地坐在椅子上,但碗里的饭菜一口也没动过。老师走到她旁边问她:"桔宝,其他小朋友都在自己吃饭,你怎么不吃呀?"桔宝没有回答,只是看着。老师又问:"是不喜欢今天的饭吗?"桔宝摇了摇头。紧接着,老师拿起桔宝的饭碗和勺子说:"这样吧,老师喂你一口,你尝尝看味道,是不是可香啦? 你一定会喜欢的。"说完,老师就把饭菜喂进她的嘴巴里。只见桔宝一口接着一口,把喂进去的饭菜都吃掉了。看她吃得不错,老师就鼓励她自己动手吃,但老师刚离开,她又不动了。

保教人员的分析:

大部分生长迟缓的婴幼儿都对吃饭没有很浓厚的兴趣,但背后的原因是因人而异的。逸逸不喝牛奶,并不是排斥牛奶,而是由于还没有掌握如何用杯子喝牛奶,包括嘴巴如何接敞口杯里的水、如何手眼协调地把杯子里的水倒入口中。桔宝则是没有养成自主吃饭的好习惯,可能与家里过度包办代替有关,让桔宝失去了体验自己吃饭的快乐,同时也对自主吃饭失去信心。

问题解决策略:

良好习惯和自我服务能力的培养,能激发特殊需要幼儿在日常生活中的自主性、独立性,使他们建立对生活的自信心,对他们体格发育问题的最终消除具有深远的意义。

针对逸逸的情况:应帮助逸逸逐步习得张大嘴巴喝水和用后槽牙咀嚼的良好习惯,以及用敞口杯饮水的自我服务能力。良好习惯的培养可以综合采用环境创设、同伴互助、多样化激励等方法,激发幼儿养成良好习惯的动力,使其体验成功的喜悦。在自我服务能力的培养上,保教人员可以通过示范、鼓励模仿的方式,让婴幼儿掌握动作技巧,比如饮水时模仿说"啊",改变"嗑"着喝水的习惯等。

针对桔宝的情况:与家长沟通,达成共识,共同培养桔宝养成良好的进餐习惯。针对不自己动手吃饭的现象,应采取相应措施,慢慢减少家长对桔宝的包办行为,鼓励桔宝自己的事情自己做。可综合利用一些绘本故事、游戏,激发桔宝自己的事情自己做的意愿,当桔宝尝试自己动手吃饭,有这一意识和举动时,哪怕只是吃一小口,看到了就要及时表扬鼓励:"我们桔宝今天真棒,自己动手吃饭了呢,果然是长大了。我们一起给她竖个大拇指,其他小朋友也要像我们桔宝小姐姐一样自己动手吃饭哦!"这样可以帮助桔宝建立自信心。

情境 3 婴幼儿语言发展水平明显低于同龄婴幼儿时，早期干预如何开展？

案例情境再现：

轩轩的语言能力比同龄儿童弱，在班级中不说话，很少开口叫人。在集体活动中，轩轩经常反应迟钝，动作缓慢，注意力保持时间较短。他经常一个人默默地坐在小椅子上，并不与班级中其他的孩子交往。有小朋友坐在他旁边的时候，他会轻轻地推开小朋友，不让其他的孩子接近他。他的性格较为内向，与他人缺少目光接触，较为不合群。在自由活动时间，他就坐在音乐角，自己一个人弹着小钢琴，也不会去其他区域玩。

保教人员的分析：

轩轩由奶奶和妈妈交替照看，但以奶奶照料与接送为主。奶奶特别溺爱他，包办行为严重。在家中，轩轩是名副其实的"小皇帝"，基本上不用开口提出要求，只需要用小手一指或呈现某个动作，奶奶便会意了他的要求并及时满足。在祖辈的过度爱护下，轩轩接受到的语言刺激较少，导致语言发展受阻，不能存储足量的语言记忆。由于语言表达能力较差，面对困难时也总是习惯性地妥协与退却，导致他的怯懦心理较为严重，不愿主动与他人交流。

就语言理解能力而言，轩轩的语言理解有一定程度的迟缓，同时伴随着指令遵循困难，经常有鹦鹉学舌的表现。例如：当保教人员提要求与问题时，有的时候需要叫他好几遍，他才会露出怯怯的眼神，然后马上就把头扭到一边，装作没听到的样子。

在语言表达能力方面，轩轩的发展较为迟缓，不善于与他人进行交流，发音吐字含糊不清，以简单的词汇为主，语言不连贯。轩轩会说简单的"爸爸""妈妈"，有些他感兴趣的较为简单的词语说得很清晰，如恐龙，但是大多数的词语或者句子发音是较为不标准的。每天来到托育机构时，轩轩可以在家长和保教人员的引导下积极与大家打招呼并说："早。"但是对于自己的一些需要和想法，轩轩无法用语言讲述出来，在日常生活中多用表情和手势语来与周围人进行交流。

问题解决策略：

第一，建立关系，促进社会交往。语言是社会交往的工具，个体的语言发展与社会交往发展是密切联系、相互影响的。在班级日常的社会交往情境中，特殊需要婴幼儿能获得更多的语言刺激，更有助于激发他们的表达欲望和发音练习。但语言发育迟缓的幼儿由于语言表达能力不足，会造成他们与家长、保教人员、同伴间交流的不畅，使他们丧失社会交往的信心和动力，部分语言发育迟缓幼儿还会出现情绪问题，养成用哭闹来表达的习惯。基于此，保教人员和家长应有意识地通过良好师幼关系、幼幼关系、亲子关系的建立,促进特殊需要幼儿与周围环境的有效沟通。比如为了增加轩轩的社会交往经验,发展他的语言表达能力,保教人员从轩轩感兴趣的游戏入手,每天早上轩轩可以从自己家带一个玩具来托育机构,到了自由游戏时间,他就带着自己的玩具进入到喜欢的恐龙区中。班级会安排一名保教人员专门陪伴在轩轩旁边,通过平行游戏与角色参与等方式,增加轩轩与同伴的互动。在游戏中,轩轩也会潜移默化地理解一些幼儿之间交往的词汇,体会到与人交往的乐趣。

　　第二,创设环境,参与阅读活动。早期阅读是帮助幼儿丰富词汇量、培养倾听能力、增进语言表达能力的重要途径。针对特殊需要婴幼儿,保教人员可在班级中多引导幼儿在阅读区开展互动式阅读活动、游戏活动,并指导家长在家也同步开展亲子阅读活动。在阅读材料的选择上,要基于幼儿的兴趣和语言表达水平,选择适宜的绘本。比如在一次《小鱼小鱼快出来》的小集体游戏中,轩轩坐在白色的地毯上看得特别投入与开心,嘴角还微微地露出了笑容。保教人员顺势拉着他的小手一起加入这个游戏。刚开始的时候,他还是有些拘谨和羞涩。但是当保教人员说"小鱼、小鱼,快快捉住",并马上抱住轩轩的时候,他对游戏产生了兴趣,并和其他孩子一同沉浸在游戏的欢乐当中。

课后习题

1. 在托育机构的一日生活活动中,各环节都有哪些安全要点?

2. 在托育机构的安全与健康管理中,保教人员要切实做好婴幼儿的_____、_____、_____、_____等工作,最大限度地保护婴幼儿的安全和健康.

参考答案

3. 当保教人员与特殊需要婴幼儿的家长进行家园合作与沟通时,可以选择以下策略(　　):

　A. 共情:营造积极沟通的氛围

　B. 反馈:消除焦虑并建立信任

　C. 建议:提供支持以形成合力

4. 圆圆在托育机构的体检中,体格指标显示肥胖,请问圆圆是否属于特殊需要婴幼儿?若属于,保教人员可以采取哪些干预措施?

第七章　婴幼儿早期教养中的家园共育

  学习目标

- ☑ 1. 理解家园共育的理论基础，明晰其内涵及重要性。
- ☑ 2. 了解家园共育活动的类型，掌握设计与实施的策略和方法。
- ☑ 3. 了解家园沟通的基本形式和策略。

　　小青老师的搭班是一位有经验的老教师。小青老师很用心地观察老教师是如何给孩子们开展保育教育活动的。慢慢地,小青老师在活动设计、环境创设上渐渐有了想法。唯独家长工作,由于家长各有特点,家长工作又很花费时间,所以小青老师一直感到有困难。

　　这学期刚开学,老教师生病倒下了。小青老师除了要带班外,还要做更多工作。在家长工作方面,因为平时小青老师都是从旁观察,很少跟家长直接接触,所以问题一下子就凸显了。在晨检接待和离园时,不知道如何和家长交流,总是有些尴尬。由于疏忽,微信群里的通知信息不是有错别字就是漏发、错发。家长发现孩子手上磕伤了,质问小青老师,小青老师一时不知该如何应对。爷爷奶奶喜欢问小青老师今天孩子吃了什么、睡觉怎么样,小青老师总是回答不好。最让她头疼的是,马上就要召开家长会了,而她在此之前一点经验也没有,小青老师该怎么办呢?

家园共育的重要性

家园共育是指家庭和托育机构在共同的教养目标下,共同合作、相互促进,以对话、协作等作为主要方式,促进婴幼儿的全面和谐发展。

我国著名幼儿教育家陈鹤琴先生曾说:"幼稚教育是一件很复杂的事情,不是家庭一方面可以单独胜任的,也不是幼稚园一方面可以单独胜任的,必定要两个方面共同合作方能得到充分的功效。"由此可见,家庭和托育机构在婴幼儿早期教养中都起着举足轻重的作用,缺一不可。

一、家园共育有助于促进婴幼儿的健康成长

美国心理学家布朗芬布伦纳的生态系统理论指出,人的发展受到与其有直接或间接联系的环境的制约,这种生态环境是由若干个相互镶嵌在一起的系统所组成的。其中,微观系统是人活动和交往的直接环境。对于大多数婴幼儿来说,微观系统首先是其家庭,随着婴幼儿的不断成长,托育机构成为除家庭以外对其影响最大的微观系统。中间系统是处于微观系统中的两个事物之间的关系或联系,如果微观系统之间有较强的、积极的联系,人的发展就可能实现最优化;相反,微观系统间非积极的联系会产生消极的后果。家园共育就是中间系统的承载形式,对于婴幼儿健康发展的重要作用毋庸置疑。

家庭和托育机构这两个主体,相互合作,携手共育,为保教人员和家长提供了全面了解婴幼儿发展特点与问题的机会。通过沟通、反馈,家庭和托育机构双方能够更好地基于婴幼儿的发展特点,达成教养目标的一致性,创设优质的早期教养环境,有效改善婴幼儿教养的质量,满足婴幼儿的身心健康发展需要。

二、家园共育有助于提升和积累双方的育儿水平与经验

保教人员掌握了一定的婴幼儿身心发展的规律性教养知识,能够推动有目的、有计划的早期教养。而家长更能够根据婴幼儿的个性特征,开展个性化的教养,因为他们最了解自己的宝宝需要什么,能做什么,更容易发现他们的新行为。因此,托育机构和家庭之间建立联系,不断地参与互动,有助于统一双方的育儿理念、内容、方法,使双方携手共进、相互学习,

共同摸索出一套适合婴幼儿发展的早期教养方案,提高和积累双方的育儿水平与经验。

托育机构通过日常的家园共育活动、家园沟通等向家长传递科学育儿理念,帮助家长掌握科学的教养方法。如托育机构可以定期组织婴幼儿营养膳食方面的讲座、公布婴幼儿在托育机构的午餐和点心的菜单,保教人员与家长相互沟通婴幼儿在托育机构、在家的就餐情况,有助于提高家长关注婴幼儿营养膳食供给的意识,了解更多在家给婴幼儿配餐的方法。在这个过程中,保教人员也能更全面地了解婴幼儿,同时发现一些家庭中有效的、个性化的教养方法。

三、家园共育有助于教养资源的充分利用

托育机构与家庭作为婴幼儿成长的重要环境,蕴含着丰富的教养资源。家园共育能够让双方的优质资源得到整合,通过更有效、更系统的运用,为全体婴幼儿提供高质量的早期教养服务。

托育机构的家长来自各行各业,从事不同工作,他们可以带给托育机构丰富的教养资源。不仅如此,每个家长都有自己的优势,托育机构要善于创造条件,让家长的教养资源介入,以扩大托育机构原有的教养资源,也让家长深入托育机构的教养过程,与其改善家庭教养的实践有机结合起来。如保教人员可以邀请医生家长来托育机构,给婴幼儿讲解口腔保健的小知识和方法,激发他们保护牙齿的愿望,养成他们有关刷牙的卫生好习惯。在这个过程中,家长也能积累与婴幼儿互动的经验。

每个家庭都有自己育儿的一些有益经验,如有的家长对孩子的生活习惯培养很有心得,有的家长很擅长为孩子创造丰富的语言发展环境,等等。托育机构通过创设平台,如家长沙龙,将这些良好的个体资源转化为其他家庭和托育机构的共同资源,变"一家"的经验为"大家"的经验。

第二节 家园共育的内涵

家园共育强调家庭在婴幼儿早期教养中的重要作用,突出家庭主体责任的落实,旨在发挥家长的主动性和主人翁意识;同时,也强调托育机构作为专业的早期教养机构,要考虑家长的需要和想法,为家庭提供科学养育指导、支持与帮助,而不是单方面地做家长工作,让家长配合托育机构的教养计划。家庭教养具有亲情性、感染性、针对性、连续性、一贯性的特点,托育机构教养是家庭教养的补充和延伸,双方应当树立一种互信共赢、优势互补的新型家园关系,更好地落实"家庭为主、教养融合"的工作要求。

一、家园共育的总体原则

(一)平等性原则

平等性原则是指托育机构与家庭处在平等的地位上,保教人员与家长彼此倾听、对话、合作,共同解决育儿问题,共同担负起促进婴幼儿身心健康成长的责任。托育机构需要改变以托育机构为主、以保教人员为主的家园共育局面,要建立平等参与的新思想,以先进的平等理念来推进家园共育工作。同时,保教人员也要将平等参与的理念传递给家长,调动家长参与早期教养的积极性,而不是将教养的责任完全推脱给托育机构。面对婴幼儿发展过程中的小插曲,保教人员和家长要主动相互沟通,商量合作,共同承担。

(二)一致性原则

一致性原则是指托育机构与家庭在婴幼儿的早期教养中要保持步调一致、同频共振。托育机构和家庭有着共同的教养目标,那就是促进婴幼儿身心的健康发展。托育机构和家庭是两种教养环境,有不同的任务,但又相互关联,双方对婴幼儿发展所做的实践必须朝着共同的方向,形成合力,才能实现"1+1>2"的效果。

(三)互补性原则

互补性原则是指托育机构和家庭作为不同的教养主体,拥有不同的教养资源、方式和方法,双方可以充分发挥各自的优势,相互补充。托育机构的早期教养具有较强的目的性、计划性、系统性和科学性,在顺应婴幼儿发展的基础上,可进一步推动婴幼儿的积极发展,比如托育机构的游戏环境、生活环境、阅读环境、运动环境的创设都渗透着推动婴幼儿各方面能力积极发展的契机。家庭教养注重的是与生活相融合的养育,婴幼儿在和父母的亲密接触与频繁互动的过程中,自然地接受着各种生活和成长的信息,包括感官知觉、情绪情感体验、语言习得、动作和社会性发展等。因此,家庭教养的环境是更具个性化的环境。两者无法相互替代,是相互补充的。

二、托育机构家园共育的总体策略

(一)不断更新观念,重视相互学习

教养观念是教养者对早期教养目的、价值、对象、过程、策略、评价等方面所持有的观念。教养观念对教养行为具有先导性和决定性。在提倡终身学习的今天,托育机构必须和家庭一起,不断学习,不断更新早期教养的观念,了解低龄教养、家园合作的理念,明晰彼此在婴幼儿早期教养过程中的作用,并注重在家园共育中相互学习。一方面,托育机构要将家长引入正确的早期教养理念中,帮助家长科学地把握早期教养的原则、方法等;另一方面,托育机构也要主动从家庭、社会中获得更多早期教养的想法,不断地更新迭代对家庭早期教养观念和需求情况的了解。

(二)拓宽沟通渠道,加强家园互通

沟通是家园共育的基础,托育机构管理者、保教人员与家长的沟通是家园共育是否取得成功的重要条件。应尝试建立起托育机构与家庭双向沟通模式,而非单向的"指导—执行"模式,充分尊重家庭在早期教养中的主体地位,促进家园共育中的协商合作。

托育机构要重构家长和教师对沟通的认识,进一步丰富家园沟通的内容,而不是等孩子发展出现了问题,才和家长沟通交流。孩子的正向发展需要建立在双方的积极交流过程中。另外,家园沟通平台的建设也为家园沟通提供了更多的渠道和方式,各类线上线下的平台,增加了托育机构和家庭沟通的便利性。

(三)丰富合作方式,拓展共育内容

家园共育的方式与内容也时刻影响着婴幼儿早期教养的效果。因此,在婴幼儿家园共育的过程中,建立多层面的家长参与平台,可促进家长在家园共育中的积极参与。同时,既

可以有以托育机构为主的合作共育,也可以有以家庭为主的合作共育。比如成立家委会,让更多的家长参与到托育机构的管理中,发挥家长的主体性,开展校级、班级的家园共育活动等。共育内容应该与时俱进,而不是拘泥在原有的内容框架中,应该根据婴幼儿与家长每个时期的发展需要,不断丰富内容。总之,要注意家园共育的内容与方式方法的推陈出新,在调整与改善的过程中适应家庭和托育机构产生的新变化。

第三节　家园共育活动的实践

　　家庭与托育机构两大早期教养的主体在家园共育的过程中主要通过开展各类活动和及时有效的沟通来促进双方的相互了解、相互合作，从而让婴幼儿在一个温暖的、支持的、有意义的环境中慢慢成长。本节将从活动类型和实施两个方面，重点探讨家园共育活动的实践。

一、家园共育活动的类型

　　在婴幼儿早期教养的家园共育活动中，常见活动有整合家长资源开展的家长老师活动、积极邀请家长参与托育机构管理的家长志愿者活动、促进家长了解婴幼儿早期教养举措的亲子活动，以及针对特殊需要婴幼儿的个性化合作育儿活动，每种家园共育活动都有着自己独有的特点。

（一）家长老师活动

　　家庭是托育机构的重要合作伙伴，每一个家长的职业、阅历与专长对托育机构来说，都是丰富宝贵的教养资源。家长老师活动邀请家长进入托育机构，从 3 岁以下婴幼儿的年龄特点出发，立足于婴幼儿动作、语言和认知能力的发展需求，为婴幼儿带来生动有趣的丰富性活动，如家长进课堂活动、爸爸妈妈故事团活动等，使家长成为婴幼儿教养活动的协作者、支持者，促进家庭和托育机构之间的互动与合作。

▲ 图 7-1　家长进课堂活动

▲ 图 7-2　爸爸妈妈故事团活动

此类活动不仅能让家长参与到托育机构内婴幼儿的教养活动中,增进家园联系,为婴幼儿提供不同寻常的活动体验;同时在与保教人员的协商合作中,家长也能更进一步地提升其自身的教养能力,为家庭育儿带来启发和灵感,促进良好亲子关系的形成。

📖 案例分享

家长进课堂活动

正逢六一,我们开展了富有艺术表演性质的家长进课堂活动,借此和孩子们一起欢度儿童节。紫歆妈妈作为曾经的国家级艺术体操运动员,很热心地报名了此次家长进课堂的活动,她表演的艺术彩带操活动尤为精彩。在活动开始前,我们事先和紫歆妈妈沟通确认了具体的时间、内容以及流程,并在当日提早布置好了场地。活动开始后,紫歆妈妈身着优雅的服装,挥动彩带配合着节奏感强的音乐旋律,带来了一段专业的艺术彩带操。彩带在她手中变化出各种形态,仿佛被赋予了生命。一曲舞毕,获得了观看者们的满堂喝彩。每个孩子都看得目不转睛、跃跃欲试,于是紫歆妈妈为每个孩子分发了小彩带,鼓励他们跟随自己一起翩翩起舞。整个活动不仅观赏性强,而且在互动中调动起了每个孩子的参与性。

（二）家长志愿者活动

家长志愿者活动是招募家长自愿参与到托育机构的一些日常保育、管理工作中,为婴幼儿提供照护服务,如来离园安全护导等。家长志愿者活动让家长更多地参与到托育机构的日常工作中,增进家长对婴幼儿早期教养工作的了解,托育机构也能更好地了解家长的需求,从而不断优化管理工作。

相比在家中,家长的视角只能聚焦于自己的孩子,家长志愿者活动为家长提供了了解婴幼儿群体的机会。通过相关工作,家长可以进一步接触到更多的婴幼儿,并在与他们的互动中,更了解婴幼儿,积累更多与婴幼儿互动的经验。

▲ 图7-3　家长在托育机构门口帮助婴幼儿洗手

　　从婴幼儿的视角出发,家长参与托育机构的管理工作可以让婴幼儿充分感受到家长的支持与陪伴,将家长与孩子原本分离的生活重新组合,增进亲子关系,也让婴幼儿在家长参与的过程中更加热爱托育机构的生活。

（三）亲子活动

　　亲子活动是指托育机构组织开展的面向家长与婴幼儿共同参与的早期教养活动,如亲子运动会、亲子春秋游、亲子游园会等。除了在托育机构开展的亲子活动外,保教人员还可以结合自身的课程特色,组织一些创意亲子活动,如亲子食育活动等。亲子活动的开展,能增进良好的家园关系、亲子关系。

　　▲ 图7-4　亲子多样化户外游戏活动

　　▲ 图7-5　亲子食育活动

案例分享

亲子食育活动：家的味道

　　制作家庭美食是每个人记忆中最淳朴的传递亲情和表达爱的方式。我们以南瓜为纽带,让每个家庭有机会和孩子一起回忆关于南瓜的故事,并在父母的陪伴下体验动手制作的乐趣,制造和延续专属于孩子的有关南瓜的故事,让它成为每个孩子心中一段美好的童年记忆。

家庭手工南瓜灯

亲子时光：

准备：南瓜、雕刻刀、记号笔。

过程：

第一步：先用记号笔画出预先想好的图案。

第二步：用雕刻刀把南瓜的"屋顶"切开。

第三步：掏出南瓜籽。

第四步：雕刻出画好的图案。

感想与收获：

秋天是子安出生的季节。小王子的到来，让家更圆满、更幸福，也更有"家的味道"了。十月的秋色，恰逢子安学校的美食节，我们班级的主题是南瓜。老师鼓励家里人一起在家做和南瓜有关的活动，爸爸提议我们一起制作南瓜灯，让家充满温馨的色彩。我们从挑选一个喜欢的大南瓜和一幅喜欢的图案开始，子安计划着要在南瓜上刻一座房子，还有一个小男孩，牵着爸爸妈妈的手。我说："我们再加上一个太阳公公好吗，妈妈想让你的世界永远是晴天。"他说好，眼里充满着喜悦，笑得融化了爸爸妈妈的心。

蒸南瓜山药

亲子时光：

准备：贝贝南瓜、山药。

过程：

第一步：将贝贝南瓜带皮切块、山药去皮切长条形备用。

第二步：蒸锅放水烧开，放入南瓜和山药，蒸10分钟。

第三步：起锅装盘晾凉，宝宝洗干净小手后拿着吃。

感想与收获：

当小爱只有六个月大时，妈妈经常会给她吃软糯香甜的南瓜，制作方法就是最简单的清蒸，搭配着山药条。做完后，小爱坐在自己的餐椅上，快乐地享受着美味食物。橙色的南瓜、白色的山药，淡淡的甜味、糯糯的口感，这是她对于家的味道最初的记忆。转眼，小爱长大了，她喜欢问妈妈自己小时候的事情："我小的时候，喜欢在洗澡的时候偷喝洗澡水。"妈妈说："小爱小的时候还喜欢吃南瓜，要不要再尝一尝小宝宝吃的南瓜呢？要不要我们一起蒸南瓜、吃南瓜？味道还是和原来一样。但是，现在小爱和爸爸妈妈一起吃，南瓜就成了温暖的味道、家的味道。"

南瓜汤圆

亲子时光：

准备：南瓜，糯米粉，红豆沙。

过程：

第一步：将煮熟的南瓜捻成泥状，按1∶1加入糯米粉（无须加水）。

第二步：搅拌均匀，揉成面团，搓成条状，分段。

第三步：包入豆沙馅，搓成小圆子。

第四步：下锅煮熟。

感想与收获：

婴儿时期的一禾第一口吃到的有味道的食物是南瓜，这种温和的、常见的根茎类食物打开了小婴儿的味觉世界。每年秋天，我们全家都会一起做与南瓜有关的食物。今年，我们用简单的食材，做了一碗软软糯糯的南瓜汤圆。一禾和我们一起捻南瓜，一起和面，一起搓圆子，当然，这只"小馋猫"抵挡不住美味的诱惑，边做边偷吃了不少南瓜和豆沙。自己的劳动成果格外美味，全家共同的努力更添滋味。我们每个人都吃了好多个，肚子圆鼓鼓，嘴里甜蜜蜜，心中美滋滋。相信美食、爱和陪伴，会成为一禾心中最珍贵的"家的味道"，在成长的道路上给予她无限勇气与力量。

南瓜饭

亲子时光：

准备：南瓜、大米、五花肉、胡萝卜、香菇、香葱、盐、五香粉。

过程：

第一步：食材切片或切段（五花肉肥瘦分开，葱白分开切段，葱叶切成葱花）。

第二步：把切好的食材及调料放入热油锅内翻炒。

第三步：炒出香味后放入洗净的大米搅拌均匀。

第四步：盛入电饭煲开启煮饭功能即可。

感想与收获：

南瓜饭是用最常见的食材，通过最简单的烹饪方式，做成的营养主食。外公用自己亲身的经历，告诉崽崽妹，这泛着橙黄色泽的一碗饭，曾是艰苦年代孩子们心中期盼的美味,满盛着彼时父母的爱和良苦用心。这碗南瓜饭,外公吃过,妈妈吃过,现在崽崽妹也吃过。希望"家"对于崽崽妹也是如同南瓜饭一样的存在。当她有一日行走在山高海阔的大千世界中时,心里始终知道有一个地方,没有热闹熙攘和耀眼霓虹,却永远会给她纯粹的快乐、朴实的温暖和真挚的慰藉。

(四)个性化合作育儿活动

个性化合作育儿活动主要面向班级中在身体、心理和行为发展方面存在特殊需要的婴幼儿,如饮食特殊的孩子、社会性发展特殊的孩子、语言发展特殊的孩子等,开展针对性的家园共育活动。相比班级中其他婴幼儿来说,有特殊需要的婴幼儿通常需要基于实际情况,进行更为个性化的养育,这需要保教人员和家长就孩子某一阶段的教养计划达成共识,并密切合作、沟通,顺应婴幼儿的发展需要。

二、家园共育活动的实施

为了保证家园共育活动的顺利开展,促进家庭和托育机构的优势互补、同质共进,在实施的过程中,家园共育需要遵循一定的流程。

(一)组建家园共育活动小组

为营造积极的合作共育氛围,保教人员可以通过发倡议书的形式,组建家园共育活动小组。倡议书旨在用官方和书面式的表达,在传递班级活动的主要信息和安排的同时,用诚恳热忱的态度和语气表达出对家长支持与协助的期望,从而让家长群体能够自发自愿地参与活动,并从中感受到付出的价值和乐趣。

需要注意的是,家园合作活动的倡议书中对于家长的工作需求要聚焦、精准,因此在计划活动时需要对本班家长有充分了解,让活动安排和计划切实可行,让家长感受到自己有能力、有动力为班级贡献力量。另外,倡议书中应体现出家长在婴幼儿教养中的主体地位,让家长明白他们对婴幼儿早期发展的重要性,如此才能激发家长参与的积极性和责任感。

(二)协商确定活动内容

家园共育活动首先要确定活动的主题与内容。可以从婴幼儿兴趣和需要、家长特长和已有资源、托育机构特色活动三个方面来与家长一起选择活动的主题及内容。

1. 根据婴幼儿兴趣和需要

教养的大智慧是认识和发现婴幼儿。保教人员和家长在婴幼儿的一日生活中应当留心婴幼儿的兴趣和需要，从中找到合适的切入口，设计能吸引婴幼儿参与、家长积极配合的活动。比如婴幼儿在某一次主题活动对"南瓜"产生了兴趣。于是，家长与保教人员敏锐地捕捉到了这个契机，为婴幼儿举办了"中式南瓜节"。在活动中，孩子们认识南瓜、感知南瓜的特性，结合生活实践对南瓜进行观察比较、操作体验，积累最初的探究经验，播种下一颗对自然科学感到好奇和愿意探究的小种子。

2. 结合家长特长和已有资源

家园共育活动的内容选择还可以从家长的角度来考虑。家长的职业、专业、特长和个人爱好都能够为婴幼儿提供一个内容丰富的课堂，不仅能够弥补托育机构资源的局限性，同时也能丰富婴幼儿的生活体验，为婴幼儿的认知探索提供更多的可能。比如作为医生的妈妈能够为孩子们提供保护牙齿的方法；爱集邮的爷爷能够向孩子们展示各种有意思的邮票；会拉小提琴的爸爸可为孩子们带来一场美妙的音乐会。

3. 依托托育机构特色活动

托育机构本身的特色活动也可以通过家园共育的方式来开展。托育机构特色活动包括节日庆祝、习俗体验、美食文化等，这些都可以成为家园共育活动新的生长点。

（三）组织开展活动

家园共育活动的组织开展要遵循"婴幼儿发展优先"的原则，要牢记举办的意义在于让家长参与到婴幼儿的早期教养中，为家长创设体验有效亲子互动的环节，并注重在活动中插入式地开展家长沟通和指导。插入式的早期教育指导是指在家园共育活动中，保教人员要注重去观察家长的亲子互动行为，发现好的做法，选择适宜的方式与家长沟通心得体会。当察觉到不适宜的地方时，如果是共性的问题，可以在活动结束后，选择合适的方式及时和家长展开讨论，比如家园联系栏、班级交流群等；如果是个性的问题，则可以单独和家长进行协商。

第四节　婴幼儿早期教养中的家园沟通

良好的沟通与交流是托育机构和家庭共育的桥梁。在婴幼儿早期教养中,需要托育机构和家庭双方互通信息、交流看法、达成共识、共商教养策略,以促进婴幼儿的全面发展。本节将从家园沟通的基本形式及基本策略两个方面展开,从多个角度记述如何在实践中进行家园沟通。

一、家园沟通的基本形式

家园沟通的形式比较丰富,保教人员可以根据不同的情况采取不同的沟通方式。

(一)家园互访

家园互访是一种个别交流形式,简称家访,是保教人员去到婴幼儿家中或婴幼儿家长来到托育机构进行深度沟通、交流的一种方式。

家访一般有以下几种情况:一种是新生家访。一般在婴幼儿入托之前开展。保教人员前往婴幼儿家庭,或婴幼儿及其家长来托育机构,双方相互了解彼此情况,建立最初的联系,为婴幼儿入托稳定情绪、建立家长的信任打下良好的基础。另一种是特殊情况的家访。一般来说,当婴幼儿出现问题行为、生病或者意外伤害事故时,保教人员与家长相互访问,当面沟通,共同商议适宜的教养措施。

▲ 图7-6　家长在托育机构与保教人员进行个别化面谈

家访中的小贴士

家访是保教人员走进家庭的家园沟通形式,是家园沟通最传统的方式之一。保教人员在学期前制定计划,走进幼儿家庭了解婴幼儿的生活背景以及家庭成员关系,以便之后更好地开展家园沟通。家访需要注意以下要点。

① 把握好家访时间,不宜过长,一般控制在60分钟以内。

② 家访密度要适中,一般在开学前为宜。学期过程中如非必要,家访不是主要的沟通手段,保教人员可通过其他方式与家长沟通。

③ 家访内容契合主题,不跑题。家访前制定好计划,避免谈论不必要的内容。

④ 家访时,保教人员要注意仪容仪表,举止大方。整洁的仪表和良好的谈吐能赢得家长的尊重,让家长对谈论的话题引起重视。

(二)家长会

家长会是由托育机构或者保教人员发起的常规沟通方式,定期或者按照需要召开,目的在于交流托育机构或班级的工作情况,回答家长普遍关心的教养问题,有针对性地征求家长的意见,以达到互相理解与信任的目的。

针对不同的情况,可以开展不同形式的家长会。常规型的家长会是托育机构负责人或者班级保教人员向家长介绍学校特色、办学理念以及一些大型活动的开展情况,让家长明确托育机构的常规工作以及需要家长参与的工作。主题型家长会则是保教人员基于班级家长的需求和婴幼儿发展的总体情况,开展主题式的家园沟通,邀请有兴趣的家长参与,共同探讨科学育儿理念和实践,如提升婴幼儿亲子互动水平、培养婴幼儿自主能力等。主题型家长会可以邀请医教养方面的专家、保教人员来进行分享交流,也可以是具备丰富教养经验的家长。

▲ 图7-7　家长分享交流的主题型家长会

（三）家长开放日

家长开放日是指托育机构邀请家长来园参观婴幼儿活动的情况以及托育机构保育工作的家园沟通形式。家长开放日活动为家长提供了近距离观察婴幼儿的机会。家长开放日活动的内容可以是让家长了解婴幼儿在托育机构的活动情况，比如日常吃饭的情况等；也可以是展示活动，比如欣赏婴幼儿念儿歌、做律动操等。

（四）通讯沟通

通讯沟通是家长与托育机构通过一些通讯媒介的手段进行沟通交流的方式。常见的通讯媒介有应用软件、家园联系栏、婴幼儿成长档案等。

互联网时代下，保教人员可通过各类应用软件建立与家长沟通交流的平台，实现家园双方的及时沟通。

家园联系栏是设置在班级门口墙面上的家园互动环境。除了保教人员呈现的一周计划安排以及各个领域的科学育儿指导之外，还需要家长一起参与推出如亲子小游戏推荐、育儿心得等栏目。家园联系栏不只是单纯的张贴和美化，而是要发挥环境创设的间接沟通的作用，宣传科学的教养观念，丰富家长的教养方式等。

婴幼儿成长档案是保教人员与家长共同完成的婴幼儿成长观察记录。家庭与托育机构通过照片、随笔、育儿心得等观察方式，记录下婴幼儿的成长过程，让家园双方更完整地掌握婴幼儿的发展情况，促进家园教养的同步发力。

拓展阅读

让在线沟通成为家园沟通的桥梁

新托班幼儿刚从家庭进入托育机构新环境中，由于之前没有集体生活的经验，因此幼儿一方面对新环境感到新鲜和有趣，另一方面容易产生与家长分离的焦虑和不安。这一阶段家长尚未与老师建立稳固的信任关系，对孩子的不适应感到担忧，会猜测及想象一些孩子在园可能出现的行为或情绪问题。

此时，为帮助家长缓解焦虑的心情，与家长建立初步的联系，增加家长对于在线沟通平台的认可度。在幼儿的适应阶段，老师可以在平台上不定时地分享幼儿个体和整个集体在一日生活不同环节中的图片与视频。个体的照片满足了家长较为迫切地想要了解幼儿在托育机构生活实际状态的心理需求,使家长安心,而集体照片、视频的分享则向家长直观地展示了孩子在班级大环境中的融入情况,两者互补,全方位地展现班级生活,使家长能够更有针对性地提出疑问,保教人员也能够及时为家长答疑解惑。

二、家园沟通的基本策略

为了让婴幼儿更好地成长,真正实现家园共育的目的,家园双方需要围绕着婴幼儿的发展经常联系,相互沟通,达成共识。而想要进行有效的沟通,保教人员就必须掌握良好的沟通策略。

(一)营造轻松和谐的沟通氛围,促进家园顺畅沟通

保教人员要了解不同年龄、不同层次家长的需求,建立一个长效的沟通机制,养成多沟通、及时沟通的习惯,营造轻松和谐的沟通氛围。

第一,保教人员要定期在线上平台面向全体家长,及时发布婴幼儿活动集锦、保教工作温馨提示、节日祝福等,营造良好的班级互动氛围。另外,每周与3—5名家长就婴幼儿的日常情况进行深入细致交流,保证与每个婴幼儿的家长都有个性化的交流。

第二,在日常沟通中,保教人员要及时关注各家园联系平台上家长发布的交流信息,做到发现问题及时跟进,延迟的态度会打击家长与保教人员互动交流的积极性。

第三,如果婴幼儿当天有特别的事情发生,那么一定要通过各种渠道跟家长取得联系,做到当天事当天毕,绝不遗漏,以免造成双方的误解和不信任。

(二)在线交流与面谈相结合,推进家园沟通的及时高效开展

面对面的交流常常受到时间和空间的限制,而在线交流则可达到自由、及时的效果。保教人员应按照事情的轻重缓急来分类,并选择适宜的沟通方式。

对于婴幼儿的一些日常事件,可以利用一些基础的在线交流工具,与家长进行及时的沟通。在线交流可综合运用文字和图片信息,更有利于保教人员和家长对婴幼儿情况有准确了解。

在线交流虽然方便快捷,但是仍然取代不了传统的面对面交流。面对面交流要根据情况,选择合适的时机。如果聚焦的是婴幼儿当下出现的情况,可以选择在接送后单独约谈;如果聚焦的是婴幼儿长期发展的协商沟通,可以与家长预约一个专门的时间进行沟通。在

面对面交流前,双方都要做一定的准备,明确主题。一次谈话的内容要集中,切忌杂乱,应由表及里,由浅入深,循序渐进。在沟通婴幼儿的问题时,要注重共情,表达要婉转,欲抑先扬,表述的语言也要准确、生动、形象。

(三)因人而异,因事而异,注重家园共育的个性化

家长是一个复杂、多元的群体。保教人员不能无视家长间的差异而采取单一的方式。在与家长沟通的过程中,要根据不同类型的家长,采用不同的沟通形式,把握好沟通的尺度,不卑不亢、有礼有节。

比如和年龄较大的家长,如祖辈,需要变被动的"被问",变成主动的"反馈"。面对年轻家长,由于他们可能具有较为宽松开放的教育观,所以更多的是以合作者、支持者的身份。但无论面对哪种类型的家长,均应以平等、专业及友好的态度来沟通。若遇到一些经常包办替代的家长时,保教人员则更需要通过良好的沟通策略,帮助家长走出误区。总之,应根据每个家庭不同的情况,形成个性化的沟通方案,帮助每个婴幼儿健康快乐地成长。

📖 案例分享

与祖辈沟通交流的技巧

与祖辈家长交流时,要保持尊重,主动与祖辈打招呼。沟通时要耐心倾听,采用商量式的口吻进行建议。在祖辈的潜意识里,生活是生活,教育是教育,而保教人员则需要向祖辈宣传"生活即教育"的理念,并有具体的照片或者视频作为参考。同时可时常询问孩子的身体状况,关注孩子的生活细节。具体的沟通要点有以下内容。

1. 向祖辈宣传"生活即是教育"

在很多祖辈眼里,生活和教育是分开的,因此要让祖辈理解一日生活中每一个环节都是教育契机,是相互融合的,并为他们提供一些操作性的方法。

2. 传授培养孩子独立的方法

祖辈往往将孩子保护得很好,经常帮孩子做生活中的小事,教师应该指导祖辈帮助孩子养成自己动手的习惯,并让祖辈理解培养自理能力的重要性。

与婴幼儿家长的沟通是一种基于知识,而又超越知识的实践智慧,需要保教人员在日常的工作中不断尝试,寻找好的形式与策略。

📑 **课后习题**

参考答案

1. 请简述家园沟通的基本策略。

2. 在婴幼儿早期教养的家园共育活动中,常见有整合家长资源开展的_____活动、积极邀请家长参与托育机构管理的_____活动、促进家长了解婴幼儿早期教养举措的_____,以及针对特殊需要婴幼儿的_____。

3. 家园共育的总体原则有哪些(　　):

　　A. 平等性原则

　　B. 一致性原则

　　C. 互补性原则

4. 小青老师准备开家长会了,她可以从哪些方面着手开始准备,请给小青老师一些建议。

第八章 托育机构保教人员的职业发展

 学习目标

- ☑ 1. 了解托育机构保教人员的职业发展、专业发展的路径,了解保教人员在不同职业阶段和专业发展阶段可以努力的方向。
- ☑ 2. 掌握一些能帮助提高工作效率、提升专业发展的工具或策略。
- ☑ 3. 从他人的成长经验中,获得促进自身成长的动力,有所感悟、有所收获。

　　小青老师已经从事托育工作将近一年了。刚开始的新鲜感褪去后，小青老师察觉到了工作带来的压力：每日的保教工作、家长工作，日常的方案设计工作、培训工作，这些都对个人能力提出很高要求。而原本期待好好休整、反思的寒假，也在值班、资料查阅中飞快地过去了。小青老师觉得做了很多事，却好像什么都没抓住。面对即将到来的暑假和未来的工作，小青老师既期待又有些苦恼，她想做一些规划，但又不知道从哪里入手，也不知道如何一步步有计划地积累相关经验。

第一节 保教人员职业发展规划的基础

保教人员职业发展规划是保教人员在从事专业工作的过程中,在个人能力、特质、理想与所在托育机构、行业、社会发展的交互影响下,以追求自身发展最大化为目标,从职业、专业、事业三个层次对自己进行的全面且长远的规划。[①]

职业不仅意味着一份工作,还蕴含着从业者的职业素养,体现了从业者的专业能力,更折射出从业者的个人精神追求和自我价值定位。保教人员在入职之前,应该有意识地思考自己的职业生涯发展规划,在不断分析了解、计划、复盘的过程中,基于岗位需求,达成个人成长与机构发展的目标,致力于在促进托育事业发展的过程中,实现人生价值。

当然,职业发展目标会因个人成长、周围环境、社会发展等诸多因素而不断发生变化,但只要定下目标,努力就有了方向,即被赋予了更明确的意义和价值。

一、把握基本原则,树立正确的职业理念

根据《托育机构保育指导大纲(试行)》中的要求,保教人员的工作应当遵循尊重儿童、安全健康、积极回应、科学规范四大基本原则。

这四大基本原则要求坚持儿童优先,保障儿童权利。既关注个体差异,又重视每一个婴幼儿的全面发展。保教人员应当遵循婴幼儿发展的年龄特点与个体差异,在最大限度地保护婴幼儿安全和健康的基础上,营造支持性的养育环境,科学、合理地安排婴幼儿的生活和活动,敏感观察婴幼儿,及时给予积极适宜的回应,满足其生长发育所需。

---

① 吴京瑾. 职业·专业·事业:教师生涯发展的目标与路径研究——以长沙市马王堆小学的实践为例[D]. 长沙:湖南师范大学. 2015:10.

拓展阅读

《托育机构保育指导大纲（试行）》（节选）

托育机构保育应遵循以下基本原则：

（一）尊重儿童。坚持儿童优先，保障儿童权利。尊重婴幼儿成长特点和规律，关注个体差异，促进每个婴幼儿全面发展。

（二）安全健康。最大限度地保护婴幼儿的安全和健康，切实做好托育机构的安全防护、营养膳食、疾病防控等工作。

（三）积极回应。提供支持性环境，敏感观察婴幼儿，理解其生理和心理需求，并及时给予积极适宜的回应。

（四）科学规范。按照国家和地方相关标准和规范，合理安排婴幼儿的生活和活动，满足婴幼儿生长发育的需要。

二、明确职业责任，精进专业能力与素养

（一）全面照护婴幼儿的成长与发展

保教人员应该掌握0—3岁婴幼儿生长发育的特点和规律，全面了解婴幼儿生活照护和教养方面的相关知识，包括婴幼儿营养与喂养、睡眠、生活与卫生习惯、动作、语言、认知、情感与社会性等方面。保教人员应能根据婴幼儿发展的年龄特点和个体差异，通过多种途径为其提供适宜的照护和教养。这一过程需要保教人员具备较强的动手操作能力、丰富的实践经验和扎实的知识理论基础。

（二）服务婴幼儿家庭

保教人员承担着向家长提供育儿指导的责任和义务，应该针对婴幼儿设计适宜的早期发展指导方案，为家长提供科学、专业、有效的婴幼儿早期发展指导服务，增强家庭的科学育儿能力；应该与家长互相协同、密切配合，在婴幼儿早期发展的理念、照护方式、教养策略等方面协调一致，助力托育机构与家庭在婴幼儿早期教养中发挥好双主体的功能，促进婴幼儿的身心健康和全面发展。

（三）提升专业能力水平

保教人员应具有丰富自己的专业知识与自我成长的意识，在婴幼儿生活照料、保健护理和早期教育这三大主要工作上，加强业务学习，结合工作实际，不断总结提高自己的实践能力，认真学习、了解本行业新的相关法律法规和职业标准，不断更新自身的业务知识结构，提升业务水平，为适应并支持终身学习、与所在托育机构共生和持续发展做好长期准备。

三、专业成长自觉，形成个性化的职业发展规划

专业成长自觉是保教人员在职业发展中跨越职业、专业和事业三个层次，实现个人价值，取得可持续发展的内生动力。

保教人员应该对自己的职业具有一定的理想和抱负，并以此为长远目标；应该基于客观分析和反思，充分认识个人的优势和短板、所处环境和集体的特点与资源；应该在实践中，逐步明晰个人专业特色、发展的定位与方向。在专业成长的驱动下，为自己设立短期、中期和长期发展目标，制定并不断调整完善学习和行动计划，最后按照一定的时序采取相应措施，直至实现目标。

第二节 保教人员职业发展规划的内容

一、职业发展阶段的划分与特点

保教人员的职业发展是一个动态的过程,呈现出明显的阶段性特点,各阶段有特定的表现,面临各种具体的问题和发展任务。同时,保教人员的职业发展各阶段又是相互关联的,具有一定的连续性。职业阶段的划分为保教人员职业发展规划提供了指导与依据。

保教人员的职业发展可划分为三个动态阶段:职初期(入职0—2年)、发展期(入职3—10年)、成熟期(入职11年及以上)。值得注意的是,各阶段并非严格按照年限来划分的,以上时间划分只是保教人员群体成长过程的总体反映,实则没有截然的分界点。在现实中,保教人员的职业发展是一个复杂的、具有个体差异性的过程。

(一)职初期

这一时期,保教人员刚刚步入工作岗位,对工作中的任何人和事都充满着好奇与新鲜,工作热情高涨、精力充沛,无论对个人发展还是事业发展,都抱有美好的向往。

然而,角色的转换不是一件容易的事。这时,保教人员的已有知识大多来自书本,但在实际工作中,面对的是一群年纪幼小、性格各异、精力充沛的婴幼儿,在承担照护其安全与健康责任的基础上,要组织开展科学、有效的各类教养活动,应对家长各种各样的问题和需求,另外还要完成案头工作。因此,当所有工作向新入职的保教人员"涌来"时,他们往往容易手足无措。

这一阶段保教人员的主要任务是适应职业需求,胜任岗位要求,顶住职初期的压力,顺利开展教养工作,并在此过程中获得积极的自我效能感。

(二)发展期

这一时期,保教人员有了一定的教养实践经验,已经克服了"新手"的惶恐、无助和压力。绝大部分保教人员能够基本胜任工作。同时,他们还会结合职前学习,不断统整并巩固自己获得的经验和技巧。

随着工作经验的积累,这个阶段的保教人员往往会不满足自己当前的状况。他们愿意追随新趋势,学习新观念、新理论,愿意尝试新的教养方法,积极与同伴交流分享、彼此学习。他们想要提高和充实自己各方面的能力,在专业成长方面的需求和追求逐步明确。然而,发展期并不总是正向的成长过程,其中也会有停滞、低潮和危机。由于一部分保教人员囿于现状,在职业发展中停滞不前,会出现职业倦怠的现象。

这一阶段,保教人员的危机主要集中在能否持续性地进行专业学习、自我突破,是否勇于进取,进而获得进一步的飞跃和成长。

(三)成熟期

经过前两个阶段的发展,保教人员逐渐走向成熟。这一阶段,保教人员在实践中越来越得心应手、游刃有余,与家长的沟通指导工作更有"底气",对婴幼儿教养的见解也日益深刻,他们的教育自信和自我效能感不断增强。

这一阶段,保教人员往往已经形成工作反思和持续学习的习惯定式,但并不会因此停止自己对专业的更高追求,他们将自身学习、生活与工作视为融合的一体,将婴幼儿教养视为自己毕生奋斗的事业。

二、不同阶段的职业发展规划要点

表8-1 不同阶段的职业发展规划要点

	"向上"发展规划 (职业发展)	"向内"发展规划 (专业成长)	"左右"发展规划 (综合提升)
职初期	【自我认知】自我认知是保教人员进行清晰自我定位的基础,是个人职业与事业生涯的起点。在职初期,首先需要认识自己,评估自己的优势、特点,了解自己的需求和价值观,才能更好地规划自己的人生和工作目标。 【适应】在职初期,首先要进入工作的角色,适应工作的身份,了解并适应新环境,同时	【参加相关学习与培训】保教人员应当具有婴幼儿照护专业背景,受过相关婴幼儿保育教育培训。 【有效的课程实施】尽快融入和适应所在托育机构,能够较为完整、顺畅地实施机构课程,并较好地实现课程目标。 【保障婴幼儿安全与健康】能为婴幼儿创设安全、健	【观察与模仿】根据自己的专业发展需要,进行有针对性的观察、有选择性的模仿,如观察优秀前辈开展工作的方式方法,学习他人的有益经验,在保教实践中自我完善,提升自身的专业素养。 【倾听与沟通】多与其他同事进行交流沟通,倾听并了解不同的观念与想法,反观自己的意识与行为,加深对自己的了

	"向上"发展规划 （职业发展）	"向内"发展规划 （专业成长）	"左右"发展规划 （综合提升）
职初期	需要得到周围人的支持、理解、鼓励以及工作上的指导，不断熟悉保教工作的内容与要求，积极关注婴幼儿的表现和发展，努力理解婴幼儿的想法和感受。 【执行者】保教人员以工作需要与适应动机为主导，常为适应保教岗位要求而努力工作，往往承担着任务执行者的角色，完成各类任务。 【职业伦理规范】尽早思考并逐渐树立正确的价值观，经常性地反思"是否尊重儿童""是否平等对待每一个孩子""是否尊重不同婴幼儿及其家庭的文化背景"等问题，强调对虐童行为的零容忍，将职业道德规范融入在保教工作实践中。 【建立目标意识】应对自身的职业发展有一个初步的自我规划，建立目标意识，确立职业发展目标，列出优先发展领域、短期目标与长远规划等。	康的生活环境和活动环境，掌握基本的急救知识，促进其身心健康和全面发展。 【实践积累】重视自身的专业经历，通过多种记录的方式，有意识地积累自己的实践经验，并养成经常反思的习惯。	解，进而取他人之长，补自己之短。 【挖掘特长或兴趣】在工作中发掘个人潜质和兴趣点，熟悉工作的各项内容，努力形成自己的职业特长。 【信息技术能力培养】锻炼信息技术应用能力，如软件应用、拍摄剪辑等，在实践过程中培养新媒体思维，提升运用多媒体、工作信息化的能力，将信息技术运用到保教实践工作中。
发展期	【自我定位】确定自己擅长的工作内容，并能根据自己的爱好、特长、能力以及个性等因素，将自己放在一个合适的工作岗位上。	【个性化的课程实施】能够关注婴幼儿的个体差异，并主动了解和满足有益于婴幼儿身心发展的不同需求，有针对性地实施个性	【熟知婴幼儿发展需求】全面了解各年龄段婴幼儿生理和心理的发展特点，熟悉各年龄段婴幼儿发展的重心和目标，尊重个体差异，为开展个性化

"向上"发展规划（职业发展）	"向内"发展规划（专业成长）	"左右"发展规划（综合提升）

发展期

【胜任实践】树立正确的儿童观、保教观；根据一定的保教理念，运用专业知识与技能，根据婴幼儿的发展需要灵活地、动态地整合适合婴幼儿发展的保教内容。对于理论与实践内容，不仅能够在实践中运用自如，而且能探讨更深层次的问题，善于自我反思。

【带教】作为经验较为丰富的保教人员进行"传、帮、带"，在保教实践中对新手保教人员加以指导与帮扶，使其尽快适应并胜任保教工作。

【职业幸福感】对自身角色有认同感，热爱工作，能积极地投入到工作当中，能将自身的才能在保教工作中表现出来，并从中获得职业幸福感。

【职业倦怠】警惕可能出现的职业倦怠。可以为自己树立一个明确的、可达成的目标，如职称目标、某一技能掌握目标、工作中的具体任务目标等，并不断激励自己，保持学习的态度。

化的保教，结合家庭指导工作，促进每个婴幼儿富有个性地发展。

【师幼互动】师幼互动能力大幅提升，对婴幼儿充满爱心，耐心保教，平等对待，能够建立尊重、信赖、亲密的师幼关系，能在与婴幼儿的交往和保教过程中研究婴幼儿的发展，敏感地觉察婴幼儿在活动中的需求与变化，并及时以恰当的方式作出回应。

【家庭指导】与家长开展积极、良好的沟通，通过家园合作指导家长，帮助家长树立正确的儿童观和保教观，获得科学的育儿方法，增进亲子关系，发挥好家庭在婴幼儿成长过程中的作用。

【建立优势领域】根据自身特点，分析自身优势领域，制定发展目标和行动计划，如设计优势领域活动，定期进行展示汇报等，实现专业成长。

的保教工作打好基础。

【保健知识】了解并掌握一定的营养膳食、婴幼儿健康发展与疾病预防、卫生消毒管理、意外事故预防与管理等方面的知识。

【有特殊需要婴幼儿的照护】了解有特殊需要的婴幼儿的身心发展特点及照护方法，如肥胖儿童、感统失调儿童、注意力不集中的儿童、患有慢性疾病的儿童等，保教人员应具备一定的特殊照护知识和策略，并通过家园协同共育，为婴幼儿及其家庭提供支持与帮助。

【发现问题并尝试解决】运用保教理论审视自己的保教实践，发现问题、分析问题、解决问题等，及时作出调整和完善。

"向上"发展规划（职业发展）	"向内"发展规划（专业成长）	"左右"发展规划（综合提升）
【自我更新】能积极主动地关注婴幼儿保教实践发展改革的动态，不断更新保教理念，拓展保教知识；对日常工作保持敏感和探索的习惯，形成自我发展、自我更新的意识，不断调节自我、主动超越自我，不断加强反思，更新思维，以适应新的变化。 **【自我实现】**自我实现是最高层次需要的满足。这是将工作与自己的人生目的、人生价值、人生幸福融为一体的阶段和过程，即在保教工作中实现保教理念，体验幸福，实现自我人生价值。 **【引领】**从教学任务的简单执行者的角色，向研究者、决策者、创新者逐渐转变。培养引领其他保教人员专业发展的能力，在引领过程中需要参与决策，如帮助其确定发展目标，为其引入学习内容，调配学习资源，开阔眼界和视野，引领其反思保教实践，深化和推进其学习与专业发展。 **【管理者】**踏上托育机构管理岗位，从保教活动的实践者成长为团队发展的引领者，不断适应新的岗位工作要求，带领	**【课程领导力】**具有持续的专业发展能力，具有越来越强的实践—反思—再实践的能力，运用有效方式评估婴幼儿发展情况、课程设置与实施有效性、自身专业发展。在一定范围内，有较强的专业影响力和领导力。 **【家园社共建者】**尊重并理解家庭的多样化与差异性，能够充分利用并调动家庭、机构、社区等多方资源，共同参与婴幼儿照护工作，实践共同育儿的理念。 **【保教研究】**在日常保教工作中有问题意识，在保教实践探索中发现问题，并不断地反思、研究问题，促使自己专业素养和研究能力提升，从而能够解决工作中的实际问题，指导保教实践工作开展。 **【凝聚学习共同体】**具有人格魅力，能够凝聚起一支有共同目标愿景的保教人员队伍，构建一种合作、共享、相互学习的文化氛围，共同致力于提升婴幼儿照护服务的质量。	**【领导与管理能力】**具备较强的课程领导和管理能力，深入了解班级保教活动的开展情况，科学指导保教人员设计个性化的课程方案，开展符合婴幼儿身心发展需要的保教活动，领导和保障保教研究活动的开展。 **【建立并分享自己的知识体系】**在常年的学习、实践、反思中，逐渐建立自己的知识体系，形成具有个人风格的保教思想和理念，并乐于和同伴分享交流，不断优化和完善。 **【获得多方面支持】**拓展实践研究的领域，与其他托育机构保教人员、管理者，以及行业专家、学者等形成积极互动，获得多方面的支持，促进专业发展。 **【持续学习与提升的激情】**具备终身学习的理念，不断追求新知识，提升自我。 **【平衡与协调】**能够合理安排时间，平衡自己的各项工作，协调好班组成员的工作内容。

成熟期

续　表

"向上"发展规划 （职业发展）	"向内"发展规划 （专业成长）	"左右"发展规划 （综合提升）
托育机构乃至更大区域内的保教人员共同成长。 【职业成就感】坚定教育初心与信念，努力提高自身素质，避免产生职业倦怠，将早期教养的工作视作终身追求与毕生的事业来看待，从而获得职业的满足感和成就感。		

（成熟期）

三、职业发展生态圈

根据布朗芬布伦纳的人类发展生态学观点，人的发展是主动成长着的个体与庞大的社会生态体系相互作用的结果。保教人员的职业发展环境是一个多层次、复杂的生态系统。该系统主要包括三个层次。

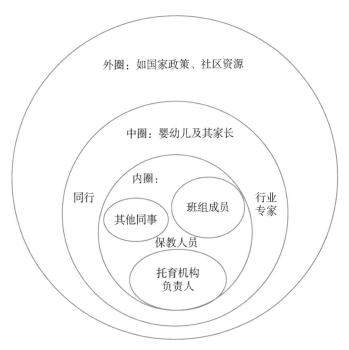

▲ 图8-1　保教人员的职业发展生态圈示意图

（一）内圈

每个初入职场的新手都会受到身边人不同程度的影响，也许是生活中对其关怀备至的班组成员，也许是对其专业发展有所帮助的其他同事，也许是激励其不断前进的托育机构负责人。保教人员职业的发展过程离不开班组成员、其他同事、托育机构负责人给予的帮助与支持。

1. 班组成员

班组成员主要是指同班级中的其他保教人员，班组成员是相处时间最长的、交流沟通最密切的同事。一般而言，同一个班组中，会配备不同专业发展阶段的成员，形成老带新、新促老的共同成长小系统。因此，班组成员间的互相理解、互相帮助、互相配合是非常重要的。良好的班组氛围会让班级工作更好、更顺利地开展。除此之外，保教人员可以最直接地通过与班组成员的交流，激发理念碰撞，收获实践经验，在顺应与内化中快速成长。

2. 其他同事

不同的托育机构会有不同的保教人员培养模式。以婴幼儿的年龄段为划分，开展以不同年级段为单位的小组式研修，是非常普遍的培养模式。此外，托育机构一般还会组织党团员活动、工会活动、各类专业兴趣小组活动等活动。在各类活动中，保教人员与其他同事接触，充分沟通交流。即便是新入职的保教人员，也会在活动中寻找到志同道合的伙伴。良好的同事关系能帮助保教人员尽快融入托育机构这一集体中，及时调整新入职的心理适应，应对岗位中的实际工作。

3. 托育机构负责人

托育机构负责人作为机构的领军人物，在保教人员的职业发展中发挥着积极的推进作用。在一个有着良性氛围的托育机构中，负责人与每一位保教人员是平等的。为了促进保教质量提升这一共同目标，负责人会为保教人员提供各类培训学习的机会和成长展示的舞台。作为机构中不可或缺的一员，保教人员应立足岗位，发挥专长，勇于挑战和奋斗，甘于奉献和付出，将个人成长与机构发展紧紧联系在一起。

（二）中圈

1. 婴幼儿及其家长

师幼互动是保教过程中非常重要的一项内容。婴幼儿和家长既是保教人员的服务对象,同时也是反哺保教人员成长的"导师"。在互动中,婴幼儿的情感、态度和行为会对保教人员的教养理念、行为产生影响。通过互动经验的积累,保教人员逐步建立起完整的、具象的儿童观,保教能力也随之提高。在与家长的互动中,保教人员与家长需要在彼此磨合、达成教养共识后,形成合力。这一过程既是保教人员专业知识的输出和体现,同时也能看到家长在育儿过程中真实的想法、实际的困惑以及一些值得借鉴的做法。在及时的沟通和反馈中,保教人员无论是在婴幼儿照护与教养能力上,还是在与家长沟通交流的能力方面,都会得到长足的进步。

2. 同行

随着工作时间的增加,保教人员会有越来越多与同行打交道的机会,如参加区域性的研讨培训、公开展示等。通过这些活动,保教人员得以与优秀的同行交流工作心得,互相分享保教案例与保教资源,并利用群体间的资源差异进行优势互补,加速自身专业成长,不断提升实践能力。

更重要的是,通过这类活动,保教人员还能收获来自其他机构同行的评价。这些评价一般比同一机构内同事的评价更为客观、多元,同行评价可能会很犀利,但一定是中肯的,是以促进婴幼儿发展为最终目标的。保教人员应正视同行评价,将之与自身发展的优势与短板结合分析,不断调整和优化自身实践。同时,也可以在这类活动中,积极给予其他同行反馈和评价,在互相切磋中共同提高。

3. 行业专家

行业专家在该领域内掌握更多的专业知识和前沿理论,能够运用这些知识提升解决问题的效率,同时也更具洞察力,有更大可能找到新颖、适宜的解决问题的方法。在工作中,保教人员通过参加专家讲座、专家沙龙等活动,获得专家的点评、指导和建议。在行业专家的指导下,保教人员结合自己在实践中的理解,推动自身的专业发展。

(三) 外圈

近年来,随着"幼有所育""幼有善育"理念的提出,0—3 岁婴幼儿这一群体得到越来越多的关注和重视。2019 年,国家卫健委组织制定《托育机构设置标准(试行)》和《托育机构管理规范(试行)》,进一步规范行业发展。此外,国家还出台了一系列具体支持举措,各地也制定了托育机构发展的相关规范,建立了支持 0—3 岁婴幼儿高质量发展的社区资源等,这些都标志着国家和社会对于托育行业的高度关注。

　　在这样的背景下,保教人员的职业性、专业性会越来越受到社会的尊重和认可。保教人员应该经常认真研读和学习有关文件的精神,结合自身情况和所在机构的发展,不断提升自我,动态调整自己的职业发展规划和路径。

第三节 保教人员职业发展的策略

一、创建个人资源库

在职场上有所收获的人，往往是善于管理的人。在对各类事务的管理中，就包括对各类工作资料、资源的管理。

保教人员在职业发展过程中，必定要收集、整理、保管各类资料。这些资料多而杂，如果疏于管理，随着工作时间的增加，就会觉得手忙脚乱，不利于学习。

因此，应创建一个框架逻辑清晰、资料存取便捷、存储安全稳定的个人资源库。创建个人资料库不仅是个人知识整理和梳理的过程，还可以丰富自己的专业资源，有利于系统地整理个人的理论学习和实践经验，便于知识的保存、提取与分享，可帮助提升专业能力，促进专业发展。

表 8-2 为保教人员提供了个人资源库的创建思路。

表 8-2 保教人员个人资源库创建思路

类别	模块	内 容
教养实践	教养活动方案	收集具体的教养活动方案，及与之配套使用的图片、影音、多媒体课件等资料。 建议按婴幼儿年龄段、活动类型等进一步细分。如有对活动方案内容和课件资料的更新，应及时整理。
	优秀活动案例	保教人员个人积累的或收集到的优秀活动方案、案例分析等资料。
	教养实践笔记	保教人员在实践过程中的反思记录，可以是定期记录的长篇分析反思，也可以是零星的实践心得或灵感。 建议为每条反思建立3个以内的标签，便于快速查找。
环境资源	生活活动	积累与婴幼儿生活活动（如营养与喂养、睡眠、生活与卫生习惯等）相关的环境创设方案与资源。

类别	模块	内　容
	其他活动	积累与婴幼儿其他室内外活动(如语言类、情感与社会性类等游戏活动,运动活动)相关的环境创设方案与资源。
婴幼儿成长	观察记录	保教人员在实践中对婴幼儿进行持续的观察与文本记录。建议为每个孩子建立独立的观察记录文件夹,制定观察记录表进行定期观察,用"学习故事"的方法,做不定期的观察记录。
	婴幼儿作品	用照片加文字注解、实物加文字注解等方式,记录婴幼儿在各类活动中留下的痕迹(包括涂鸦作品、手工作品、建构成果等),以此反映婴幼儿的成长过程。
	活动照片	用照片捕捉记录婴幼儿每天的表现。
教科研资料	科研资料	撰写论文、做课题研究等方面的研究资料。
	其他资料	为提高自身的专业能力发展而进行学习的资料,如阅读笔记、优秀论文摘要等。
个人发展	个人发展档案	为自身职业发展和专业成长建立专门的文件夹。可以记录个人基本信息、履职经历、获得的荣誉和奖项、公开活动、教育科研、培训学习、成果发表出版等事项。

　　需要注意的是,个人资源库建立时,应当设立合理的分类文件夹,类别的名称要简单而清晰。各个文件夹还可以不断分级,以保存维度更细分的资料。例如,可以创建一级子目录"教养实践""环境资源""婴幼儿成长""教科研资料""个人发展"等文件夹;在"教养实践"文件夹下创建二级子目录,如"教养活动方案""优秀活动案例""教养实践笔记"等文件夹;在这些文件夹中可以分别创建各类文档,存入不同时期的活动方案、活动影像资料等。这种分级分类的文件夹形式,不仅可以对各类资源进行有效分类和保存,还可以在日后方便快捷地找到所需的资料。

　　个人资料库的建立很重要,后续的维护整理更重要。首先,要养成不随意在电脑桌面上存放文件的习惯。若电脑桌面上文件堆积,则很难迅速找到所需要的文件。其次,及时更新或修改资料,对每次收集的资料进行分类和整理,使资料库中的内容常新、高效、全面、真实。再次,根据需要,创建新的分级分类目录。非常重要的资料可以单独列为一个类别,方便保存和查找。

二、运用职业心理测评来进行职业规划分析与评估

职业心理测评是指通过对某一个体的职业兴趣、职业能力倾向、职业价值观、职业人格等方面进行的系统性测评，从而对其素质状况、个性特点、职业倾向、发展潜力等心理特征作出科学的评价。常用的测评工具有四类，即职业兴趣测评、职业能力倾向测评、职业价值观测评、职业人格测评。

保教人员通过职业心理测评，能够正确认识自己的职业倾向，了解自己真正的职业兴趣，以及自己的"职业素质、职业类型、岗位趋向"等重要的职业特征，从而更加科学、合理地确定自身的职业定位，制定适合的发展行动计划，在实际工作中实现人岗匹配，做好职业定位和未来职业生涯规划。

（一）职业兴趣测评

主要是考察个人兴趣爱好与未来工作选择之间的匹配度。国内应用较多的是霍兰德职业兴趣量表，可以帮助被测者确定个人职业兴趣类型，寻找与之相匹配的职业，帮助个人做好职业选择和职业设计。

（二）职业能力倾向测评

全面考察被测者的综合素质，涵盖智力、言语能力、逻辑推理能力、空间判断能力等方面的倾向，比较著名的能力测验有韦克斯勒智力量表、差别能力倾向测验等，可以帮助被测者了解自己的个人能力优势。

（三）职业价值观测评

了解被测者在职业选择中暗含的价值观偏好，主要包括职业锚测试、职业价值观量表等。

（四）职业人格测评

帮助被测者了解自己的人格类型和与之相匹配的职业领域，应用较多的是卡特尔16种人格因素测试、MBTI人格测试。

三、保教人员工作常用的应用软件

有效的工具能让工作事半功倍。保教人员经常会用到的应用软件主要分为以下四类。

（一）文件管理类

这类应用软件方便保教人员进行日常工作记录的存储和整理。保教人员常使用的有如网盘、笔记、文档编辑类等应用软件。

（二）多媒体类

这类应用软件可帮助保教人员记录婴幼儿日常生活、做好活动实录、保存环境资源等。保教人员常使用的有图片处理类、视频剪辑类等应用软件。

（三）学习参考类

这类应用软件为保教人员提供环境布置、主题活动、教玩具、教育笔记、优质专业的培训项目等方面的学习渠道和素材。保教人员常使用的有一些知识学习类应用软件，及图片、视频分享类应用软件。

（四）家园沟通类

这类应用软件方便保教人员开展家长工作，进行家园沟通与联系。大部分的即时通讯软件都可满足这一需求。

第四节　保教人员的成长故事

每一个保教人员的职业发展都不可避免地要经历职初期、发展期、成熟期等阶段。职业发展的不同阶段虽会面临不同挑战，暗藏困境，但只要坚定目标，勇敢历练，善于总结、反思和突破，就能跨越成长瓶颈。

在接下来的成长故事中，4个处于不同职业发展阶段的保教人员回顾了自身发展，分享了自己的成长经历、曾面对的困惑和对保教工作的感悟。这些成长故事呈现了职初期保教人员对自我和岗位匹配度认识的不断调试，发展期保教人员普遍存在的职业倦怠状态，以及成熟期保教人员如何成为专业型、复合型、科研型的保教人才。这些成长故事蕴含着每一个阶段的保教人员在职业发展、专业成长、综合能力提升等方面的不断突破，这种突破离不开职业发展生态圈中来自不同群体的欣赏、支持、反哺和深刻影响。最重要的是，保教人员热爱职业的初心、对婴幼儿的爱和尊重、对成长的渴望、永不放弃的决心，以及感恩之心，这些都促进其不断成长。

故事一

姓名：李雯

教龄：4年

保教理念：尊重每一个婴幼儿的成长

▲图8-2　李雯老师

倾听成长的声音，遇见更好的自己

我是一名刚工作4年的青年保教人员，我始终为能够成为一名托育工作者而感到骄傲。回想最初从学校步入职场时，我很期待这种身份的转变，怀着满满的斗志想要实现自己的教育理想。

然而，刚开始工作，我就遇到了很大的困难。令我记忆犹新的是，第一次独立组织活动时，年幼的孩子们根本不听我说话，有几个还到处乱跑，短短10分钟的小活动，我喊了好几次，但一点效果都没有。接下来，每天的工作都让我手足无措、非常焦虑。一段时间后，情况也没有得到很好的改善。我变得很自责，甚至开始怀疑自己。很感谢当时我的带教师傅，她感受到了我低落的情绪，一边给我劝慰和鼓励，一边帮助我每天复盘总结，找准一个小目标，逐个解决问题。经过一段时间的积累，我发现自己在慢慢进步，组织活动越来越有条不紊，孩子们也对我亲近起来，更重要的是，我好像有点掌握了孩子们的语言特点。成长需要一个过程，不可能一气呵成，孩子们有自己成长的节奏，我们老师也有自己发展的节奏，只有经过长时间的沉淀，积累一定的经验，才可能有所收获和进步。

现在的我，已经克服了最初的焦虑和迷茫，在不断努力工作的同时，开始意识到做保教人员仅有热情还不够，还需要过硬的专业能力。我积极参加每一次的学习和培训，很珍惜导师们对我的每一次专业指导，事后将笔记整理内化并尝试实践。在师傅的悉心带教下，我养成了每日反思的习惯，并且喜欢做一些记录。工作中我时常提醒自己，成为熟手后，不能按部就班，而是要更上一层楼。保教人员作为教育工作者，不能停止学习，应向专家、前辈和行业的佼佼者学习，也要向家长、婴幼儿和新时代学习。在学习的过程中，遇见更好的自己。

一路走来，我始终感恩我和这份职业的互相选择。对于即将步入托育行业、参加工作的你，我想说，请你一定要对未来的这份工作有认同感。无论是对工作内容、工作时间，还是工作对象等，充分了解后要认真分析，判断自己是否合适。因为毕业之后的第一份工作将对未来整个人生的职业发展产生很大的影响，只有完全认同并接受保教人员的工作职责，才能全身心地投入到工作中，并把它作为终生的事业。一旦选择加入，就不要害怕和退缩，因为工作过程中虽然有辛苦，但这是一份会让人感到幸福的职业。

故事二

姓名：徐菲琳

教龄：10 年

保教理念：用爱养育，静待花开

▲ 图 8-3 徐菲琳老师

选择无悔，勇敢前行

工作 10 年的我，已经克服了职初期的茫然。经过时间的打磨，对婴幼儿教养已经比较熟悉，对婴幼儿的年龄特点和教养方法也了如指掌，既有了一定的保教经验，又积累了相应的保教策略，步入了职业成长的发展期。

然而有一天，我突然发现自己经常挂在嘴边的是"就这样吧""差不多可以了"，而鲜少再问"为什么""试试可以吗"。我为自己贴上了"有经验"的标签，便不再去触及保教工作的"深水区"，而是固守自己已有的经验，靠着已有经验"吃老本"，因循守旧，按部就班。"舒适区"成为我职业发展道路上的障碍，我好像失去了进步的动力和愿望，甚至当我想要跳出"舒适区"时，还隐约有点恐惧。

要继续前进就必须战胜自我、超越自我。不断思考与突破就是跳出"舒适区"的一把钥匙，我不断和自己的内心交战，最终决定还是要勇敢地试一试。我想成为孩子们的榜样，更想成为一名成熟的、专家型的保教人员。

对于专业知识的学习补充和更新是突破的基础。自毕业后，我离理论知识越来越远，积累的更多是实践经验。但理论知识始终都是最基本、最重要的，只有不断学习新的教育理念，才能让实践过程游刃有余。我开始阅读各类杂志和书籍，带着"新人"的感觉，更新着自己的知识，并结合自己的实践经验加深对理论知识的理解。

为了充分利用周围的资源和学习的机会，我加入了保教人员的研修小组，向身边最优秀的保教人员学习，认真参加每一次培训和观摩，主动参与各级各类展示活动，悉心听取同行工作者对我的建议。扬长避短,发挥长处,我逐渐形成了自己的教养风格。

我所在的托育机构很重视科研工作。但教育科研对我来说有很大的难度。在还不能独立承担科研项目的时候,我选择积极加入其他科研项目组,在研究过程中,我逐渐发现科研与实践密不可分,它可以指导我们的工作实践,帮助我们总结经验,反思不足。科研的工作虽然很难,但我也收获了很多的"惊喜"。

我想,无论是谁,跨出"舒适区"都会感到不适甚至无所适从,但这也是职业发展的重要临界点。只要不停下脚步,继续前行,我相信一定会迎来"柳暗花明"。我很期待自己能站在一个新的、更高的平台上闪闪发光,加油吧!

故事三

姓名:蔡怡菁

教龄:13 年

保教理念:爱幼者,幼全心爱之

▲ 图 8-4　蔡怡菁老师

爱的互动

作为一名长期在托育机构工作的保教人员,在一日生活中,我们除了负责婴幼儿生活的照料外,还会主动去了解和满足婴幼儿身心发展的不同需求,关注个体差异,促进每个婴幼儿全面发展。我们根据婴幼儿的身心发展特点和规律,制定科学的保教方案,合理安排婴幼儿饮食、如厕、睡眠、游戏等一日生活。除此之外,我们还需要全面、细致、真实、客观地完善工作记录。通过及时分析整理,及时发现工作中的不足,从而不断提升自己的工作水平。保教人员必须把保护婴幼儿的生命和促进婴幼儿的健康放在工作的首位,要树立正确的健康观念,在重视婴幼儿身体健康的同时,高度重视婴幼儿的心理健康。

每一位保教人员都需要对幼儿有满满的爱。爱会渗透在彼此相处的每一秒,用心爱孩子,孩子也会用全心全意的爱来回报你。

故事四

姓名:张懿

教龄:19 年

保教理念:因热爱而坚守,因平凡而奋斗。

▲ 图8-5 张懿老师

一路追梦,一路成长

成为一名托育工作者是我儿时就有的梦想。还记得当年即将从学校毕业的我,有了去托儿所实习的机会,我兴奋而又异常珍惜。实习期间,我热爱班里的每一个孩子,踏实肯干、勤奋好学,并虚心向有经验的保教老师请教。我努力将在学校所学的知识灵活地应用到实际的工作中,保质保量地完成了各项任务。凭借优异的学习成绩和良好的实习表现,我光荣地成了托儿所的一名保教人员。

保教人员是孩子重要的启蒙老师。保教人员不仅要全面、细致地照顾幼儿的一日生活,更要帮助幼儿养成良好的行为习惯和生活卫生习惯,培养幼儿的独立生活能力和自信心,为他们一生的发展奠定良好的基础。为了能够保教结合地做好各项工作,我始终坚持样样事情认真做、从头学。我学习怎样照顾幼儿的一日生活、怎样观察幼儿的行为、如何满足幼儿的需求。通过自己的努力和带教师傅的帮助,我渐渐地熟悉了保教工作,并能得心应手、游刃有余地完成自己的工作。

我深知学习是个人专业成长的加油站,唯有不断地学习才能为自己"充电"和"蓄能"。除了在工作中获得实践经验和积累知识,我还通过职后培训不断提升自己。在学历上进一步提升,并通过职业培训获得了高级保育员、高级育婴员和幼儿园教师资格证书。职后的学习为我的工作注入了更多的能量,使我的理论水平和实践能力都得到了进一步的提升。

随着所在机构的不断发展,我们成立了保育教研组,我有幸被任命为教研组长。当时还年轻的我,要带领十几个比我工作经验丰富、资历比我深的保教人员一起开展教养实践和保育研究,对我来说是极大的挑战。在困难面前我没有退缩,而是凭着坚韧不拔的精神迎难而上。我向书本学,向其他教研组长学,向分管保育的领导学习。正是这股做中学、学中做的劲头让我不断丰富自己,提高各方面的能力。我先后组织大家编写了"园本保育工作手册""保育小锦囊""保育金点子"等参考,为新进保育人员的日常工作提供了宝贵的参考。我的保育研究实践成果也被发表在核心期刊中。此外,我先后多次受邀赴各地进行学术研讨。

如今,我承担着机构的保教人员管理工作,是上海市首批保育带头人,负责市级保教人员工作室,带领更多的保教人员走向专业成长和自我发展的道路,自己也逐渐成长为名副其实的保教专家。

回顾自己一路成长的历程,我感恩所在机构的培养,感谢自己的努力,感激同事的帮助。我立志要把这种成长传递下去。因而,我为其他机构的保教人员进行培训,担任了本街道和社区的保教讲师,参加了社区服务中的育儿指导活动。我用自己的所学所思帮助了更多从事托育工作的同行。我深信投身公益事业回报社会是实现自我价值的最佳方式。

保教工作是平凡的。但只要我们真正热爱自己的职业,内心就会产生强大的动力和满满的幸福感。我始终坚信心有多大,舞台就有多大。我愿意在平凡之中追求不平凡,从中收获美好和感动!我希望把自己的青春奉献给伟大的婴幼儿保教事业,用专业知识和默默奉献托起祖国花朵的明天。

课后习题

1. 保教人员的工作应当遵循以下哪些原则(　　)?

    A. 尊重儿童。

    B. 安全健康。

    C. 积极回应。

    D. 科学规范。

2. 以下哪些是职初期保教人员职业发展规划的要点(　　)?

    A. 适应。

    B. 职业倦怠。

    C. 实践积累。

    D. 倾听与沟通。

3. 请简述成熟期保教人员的职业发展规划的要点。

参考答案